Avaliação Assistida:

Fundamentos, Procedimentos e Aplicabilidade

Maria Beatriz Martins Linhares
Ângela Coletto Morales Escolano
Sônia Regina Fiorim Enumo
(Orgs.)

Avaliação Assistida:

Fundamentos, Procedimentos e Aplicabilidade

Casa do Psicólogo®

© 2006 Casa do Psicólogo®
É proibida a reprodução total ou parcial desta publicação, para qualquer finalidade, sem autorização por escrito dos editores.

1ª edição
2006

Editores
Ingo Bernd Güntert e Silésia Delphino Tosi

Produção Gráfica e Editoração Eletrônica
André Cipriano

Revisão Ortográfica
Irene Almeida de Sá Leme

Capa
André Cipriano

**Dados Internacionais de Catalogação na Publicação (CIP)
(Câmara Brasileira do Livro, SP, Brasil)**

Avaliação assistida : fundamentos, procedimentos e aplicabilidade / Maria Beatriz Martins Linhares, Ângela Coletto Morales Escolano, Sônia Regina Fiorim Enumo [orgs.]. – – São Paulo: Casa do Psicologo®, 2006.

Bibliografia.
ISBN 85-7396-458-8

1. Aprendizagem 2. Avaliação educacional
I. Linhares, Maria Beatriz Martins   II. Escolano, Ângela Coletto Morales
III. Enumo, Sônia Regina Fiorim.

06-4835   CDD-371.26

Índices para catálogo sistemático:

1. Avaliação escolar assistida : Educação   302.14

Impresso no Brasil
Printed in Brazil

Reservados todos os direitos de publicação em língua portuguesa à

Casa do Psicólogo®
Rua Simão Álvares, 1020 Vila Madalena 05417-020 São Paulo/SP Brasil
Tel.: (11) 3034.3600 – *e-mail:* departamentodepesquisa@casadopsicologo.com.br
site: www.casadopsicologo.com.br

Organizadoras

Maria Beatriz Martins Linhares – Psicóloga; Mestre em Educação Especial pela Universidade Federal de São Carlos; Doutora em Ciências – Psicologia Experimental pelo Instituto de Psicologia da Universidade de São Paulo; Professora Doutora do Departamento de Neurologia, Psiquiatria e Psicologia Médica da Faculdade de Medicina de Ribeirão Preto da Universidade de São Paulo; Orientadora da Pós-Graduação em Psicologia FFCLRP-USP e Saúde Mental FMRP-USP; pesquisadora bolsista do CNPq.

Ângela Coletto Morales Escolano – Psicóloga; Mestre em Psicologia e Doutora em Ciências – Psicologia pela Faculdade de Filosofia Ciências e Letras de Ribeirão Preto, Universidade de São Paulo; Professora Doutora do Departamento de Biologia e Zootecnia da Faculdade de Engenharia de Ilha Solteira da UNESP.

Sônia Regina Fiorim Enumo – Psicóloga; Mestre em Educação Especial pela Universidade Federal de São Carlos; Doutora em Psicologia Experimental pelo Instituto de Psicologia da Universidade de São Paulo. Professora Doutora do Departamento de Psicologia Social e do Desenvolvimento e do Programa de Pós-Graduação em Psicologia da Universidade Federal do Espírito Santo; pesquisadora bolsista do CNPq

Coladoradores

Adriana Aparecida Silvestre Gera - Psicóloga; Mestre em Psicologia pela Faculdade de Filosofia, Ciências e Letras de Ribeirão Preto, Universidade de São Paulo; Professora da Faculdade Estadual de Franca.

Cecilia Guarnieri Batista - Psicóloga; Professora Doutora do Centro de Estudos e Pesquisas em Reabilitação (CEPRE), Faculdade de Ciências Médicas, Universidade Estadual de Campinas.

Dalva Alice Rocha Mol Rangel – Psicóloga; Mestre em Psicologia Escolar pela Pontifícia Universidade Católica de Campinas.

Edna Maria Marturano – Psicóloga; Mestre em Psicologia Experimental e Doutora em Ciências – Psicologia pelo Instituto de Psicologia, Universidade de São Paulo. Professora Titular da Faculdade de Medicina de Ribeirão Preto da Universidade de São Paulo.

Margaret Rose Santa Maria – Psicóloga; Mestre e Doutoranda em Saúde Mental pela Faculdade de Medicina de Ribeirão Preto, Universidade de São Paulo.

Maria Beatriz Machado Bordin - Psicóloga; Mestre em Saúde Mental pela Faculdade de Medicina de Ribeirão Preto, Doutora em Ciências – Psicologia pela Faculdade de Filosofia, Ciências e Letras de Ribeirão Preto, Universidade de São Paulo; Professora da Universidade Federal de São Carlos.

Salim Moysés Jorge – Pediatra- neonatologista; Mestre em Medicina pela Universidade de São Paulo, Doutor em Medicina – Pediatria pela Faculdade de Medicina de Ribeirão Preto, Universidade de São Paulo. Professor Titular da Faculdade de Medicina de Ribeirão Preto, Universidade de São Paulo.

Sílvia Helena Tortul Ferriolli - Psicóloga; Mestre em Psicologia pela Faculdade de Filosofia Ciências e Letras de Ribeirão Preto, Universidade de São Paulo, Doutoranda em Saúde Mental pela Faculdade de Medicina de Ribeirão Preto, Universidade de São Paulo.

Solange Múglia Wechsler – Psicóloga; Mestre em School Psychology pela University of Georgia, Doutorado em Educational Psychology pela University of Georgia. Professora Doutora da Pontifícia Universidade Católica de Campinas.

Sonia Regina Loureiro – Psicóloga; Mestre e Doutora em Psicologia Clínica pelo Instituto de Psicologia, Universidade de São Paulo. Professora Doutora da Faculdade de Medicina de Ribeirão Preto, Universidade de São Paulo.

Sumário

APRESENTAÇÃO 11

PARTE I - AVALIAÇÃO ASSISTIDA: FUNDAMENTOS TEÓRICO-CONCEITUAIS E CONTRIBUIÇÕES 15
Maria Beatriz Martins Linhares
Ângela Coletto Morales Escolano
Sônia Regina Fiorim Enumo

PARTE II - AVALIAÇÃO COGNITIVA ASSISTIDA: PROCEDIMENTOS DE AVALIAÇÃO 33

Jogo de Perguntas de Busca com Figuras Geométricas (PBFG) 35
Maria Beatriz Martins Linhares

Jogo de Perguntas de Busca com Figuras Geométricas para Crianças com Deficiência Visual (PBFG-DV) 39
Sônia Regina Fiorim Enumo
Cecília Guarnieri Batista

Jogo de Perguntas de Busca com Figuras Diversas (PBFD) 45
Maria Beatriz Martins Linhares
Adriana Aparecida Silvestre Gera

Indicadores de Desempenho Cognitivo na Resolução dos Problemas de Pergunta de Busca - Tipos de Perguntas e de Soluções 49
Maria Beatriz Martins Linhares
Margaret Rose Santa Maria
Ângela Coletto Morales Escolano

PARTE III - AVALIAÇÃO ASSISTIDA: RESULTADOS DE PESQUISAS BRASILEIRAS 55

Capítulo I - Avaliação Assistida de Crianças com Indicações de Dificuldades de Aprendizagem Escolar e Deficiência Mental Leve 57
Margaret Rose Santa Maria
Maria Beatriz Martins Linhares

Capítulo II - Avaliação Assistida em Situação de Resolução de Problema na Predição do Desempenho Escolar de Crianças de Primeira Série do Primeiro Grau 69
Ângela Coletto Morales Escolano
Maria Beatriz Martins Linhares

Capítulo III - Aspectos Cognitivos e Comportamentais na Média Meninice de Crianças Nascidas Pré-termo com Muito Baixo Peso 75
Maria Beatriz Machado Bordin
Maria Beatriz Martins Linhares
Salim Moysés Jorge

Capítulo IV - Avaliação Assistida de Habilidades Cognitivas de Crianças com Deficiência Visual por Jogo de Perguntas de Busca com Figuras Geométricas em Crianças com Deficiência Visual (PBFG-DV) 87
Sônia Regina Fiorim Enumo
Cecilia Guarnieri Batista

Capítulo V - Indicadores de Potencial de Aprendizagem obtidos por meio da Avaliação Assistida 103
Silvia Helena Tortul Ferriolli
Maria Beatriz Martins Linhares
Sonia Regina Loureiro
Edna Maria Marturano

Capítulo VI - Avaliação Cognitiva Assistida em Crianças com Queixas de Dificuldades Escolares – uma Proposta de Avaliação 113
Dalva Alice Rocha Mol Rangel
Solange Múglia Wechsler

PARTE IV - Estudos de Caso utilizando Avaliação Assistida com Jogos de Pergunta de Busca 121
Margaret Rose Santa Maria
Silvia Helena Tortul Ferriolli
Maria Beatriz Martins Linhares

Apresentação

A avaliação assistida, interativa ou dinâmica, consiste em uma modalidade de avaliação que inclui o ensino no procedimento de avaliar, visando a detectar indicadores de potencial de aprendizagem de crianças com desempenho rebaixado em avaliações psicométricas tradicionais de inteligência. Essas crianças podem ser classificadas como: deficientes mentais, com indicação de dificuldade de aprendizagem, com desvantagens culturais, com surdez, com deficiência visual ou problemas de comunicação. A avaliação assistida tem sido utilizada em pré-escolares, escolares, adolescentes, estudantes universitários e em grupos especiais de pacientes com danos cerebrais, esquizofrênicos, psicóticos e minorias culturais. Trata-se de abordagem de avaliação inovadora, que recentemente tem se destacado como promissora contribuição nos campos da avaliação psicológica e educacional, constituindo-se em ferramenta útil para pesquisa e aplicação nas áreas de Psicologia e Educação Especial.

O objetivo do presente livro consiste em apresentar a fundamentação teórico-conceitual desta modalidade de avaliação e procedimentos de avaliação assistida de crianças utilizando situações de resolução de problemas. Será ilustrada a sua aplicabilidade por meio de resultados de pesquisas empíricas e de estudos de caso, realizados entre 1991 e 2004, por pesquisadores e alunos de pós-graduação vinculados a centros de pesquisa e programas de pós-graduação em Psicologia no país - o Programa de Pós-Graduação em Saúde Mental da Faculdade de Medicina de Ribeirão Preto da Universidade de São Paulo (FMRP-USP), o Programa de Pós-Graduação em Psicologia da Faculdade de Filosofia, Ciências e Letras de Ribeirão Preto da Universidade de São Paulo (FFCLRP-USP), o Centro de Estudos e Pesquisas em Reabilitação da Faculdade de Ciências Médicas da Universidade Estadual de Campinas (CEPRE/UNICAMP), o Programa de Pós-Graduação em Psicologia da Pontifícia Universidade Católica de Campinas (PUCCamp) e o Programa de Pós-Graduação em Psicologia da Universidade Federal do Espírito Santo (UFES).

O livro encontra-se organizado em cinco partes.

Na **Parte I - Avaliação Assistida: Fundamentos teórico-conceituais e contribuições** - *Maria Beatriz Martins Linhares* da FMRP-USP, *Ângela Coletto Morales Escolano*, da UNESP e *Sônia Regina Fiorim Enumo*, UFES – as organizadoras desta obra – apresentam a fundamentação teórica, os conceitos que envolvem a avaliação assistida e sua contribuição para avaliação psicológica e educacional de crianças.

Na **Parte II - Avaliação Cognitiva Assistida: procedimentos de avaliação** – encontra-se a apresentação dos procedimentos de avaliação assistida e de análise do desempenho de crianças em tarefas de resolução de problemas, apresentadas na forma de jogos, a saber: **Jogo de Perguntas de Busca com Figuras Geométricas**, de *Maria Beatriz Martins Linhares*, **Jogo de Perguntas de Busca com Figuras Geométricas para Crianças com Deficiência Visual**, que foi adaptado por *Sônia Regina Fiorim Enumo* e *Cecília Guarnieri Batista*, e o **Jogo de Perguntas de Busca com Figuras Diversas**, elaborado por *Maria Beatriz Martins Linhares* e *Adriana Aparecida Silvestre Gera*. Esta segunda parte do livro também apresenta os **Indicadores de desempenho cognitivo na resolução dos problemas de pergunta de busca, tipos de perguntas e de soluções**, elaborado por *Maria Beatriz Martins Linhares*, *Margaret Rose Santa Maria* e *Ângela Coletto Morales Escolano*. Os procedimentos apresentados nesta seção foram pioneiros no Brasil como propostas de avaliação assistida, embora o cenário internacional oferecesse procedimentos estruturados para serem utilizados nesta abordagem desde a década de 80.

Na **Parte III - Avaliação Assistida: resultados de pesquisas brasileiras** é descrito um conjunto de pesquisas que ilustram a aplicação de procedimentos de avaliação cognitiva assistida, distribuído em sete textos de 12 pesquisadores de diversas instituições públicas de Ensino Superior em Psicologia.

A primeira pesquisa relatada no presente livro - **Avaliação Assistida de crianças com indicações de dificuldades de aprendizagem escolar e deficiência mental leve** – foi realizada por *Margaret Rose Santa Maria* e *Maria Beatriz Martins Linhares*, em trabalho concluído em 1999, na FMRP-USP financiado pela FAPESP e pelo CNPq. Foi uma das primeiras aplicações sistemáticas em pesquisa dessa modalidade de avaliação em crianças com necessidades educativas especiais no país, mostrando sua sensibilidade para detecção de indicadores potenciais de aprendizagem nesse tipo de população alvo.

O segundo relato de pesquisa - **Avaliação Assistida em situação de resolução de problema da predição do desempenho escolar de crianças de primeira série do primeiro grau**, de *Ângela Coletto Morales Escolano e Maria Beatriz Martins Linhares*, da USP-Ribeirão Preto, com apoio da FAPESP e do CNPq, concluído em 2000, mostra as possibilidades desse procedimento de crianças sem problemas de desenvolvimento, no início do processo da escolarização em uma escola estadual, na cidade de Ribeirão Preto (SP).

Aspectos cognitivos e comportamentais na média meninice de crianças nascidas pré-termo com muito baixo peso é o título do terceiro estudo apresentado por *Maria Beatriz Machado Bordin, Maria Beatriz Martins Linhares* e *Salim Moysés Jorge*, vinculados à Faculdade de Medicina de Ribeirão Preto, da USP, em pesquisa financiada pela FAPESP e pelo CNPq e concluída em 2000. São apresentadas possibilidades de aplicação de instrumentos avaliativos cognitivos tradicionais associados ao procedimento de avaliação assistida para a obtenção de indicadores de desenvolvimento de crianças na fase escolar com alta vulnerabilidade neonatal e riscos para apresentar problemas de desenvolvimento.

O quarto relato de pesquisa - **Avaliação Assistida com o Jogo de Perguntas de Busca com Figuras Geométricas para Crianças com Deficiência Visual** (PBFG-DV) de *Sônia Regina Fiorim Enumo*, da UFES e *Cecília Guarnieri Batista*, da UNICAMP é resultado de pesquisa de pós-doutorado da primeira autora, com apoio da CAPES, realizada em 1998 no CEPRE/UNICAMP, com crianças pré-escolares e em fase de alfabetização com deficiência visual (cegueira, baixa visão grave e leve). A adaptação deste jogo fêz parte de uma proposta mais ampla de avaliação de habilidades cognitivas de crianças com deficiência visual, sendo a primeira aplicação sistemática de procedimento assistido com essa população especial.

Um grupo de pesquisadores da USP - Ribeirão Preto, *Sílvia Helena Tortul Ferrioli, Maria Beatriz Martins Linhares, Edna Maria Marturano* e *Sônia Regina Loureiro* - apresentam o texto **Indicadores de potencial de aprendizagem obtidos por meio da avaliação assistida**, que consiste em pesquisa financiada por intermédio de auxílio do CNPq e bolsa da CAPES e concluída em 2000. Teve por objetivo identificar sinais de potencial cognitivo em crianças referidas para atendimento psicológico com queixa de aprendizagem escolar, combinando avaliações psicométrica e assistida, realizadas antes e após um período de intervenção psicopedagógica.

Finalmente, *Dalva Alice Rocha Mol Rangel* e *Solange Múglia Wechsler*, da PUCCamp, apresentam a pesquisa - **Avaliação Assistida em crianças com queixas de dificuldades escolares – uma proposta de avaliação** - que teve por objetivo identificar a eficiência de um procedimento de avaliação assistida utilizando o teste de Raven em crianças com queixas de dificuldades escolares.

Na **Parte IV - Estudos de Caso utilizando a Avaliação Assistida com Jogos de Perguntas de Busca** – *Margaret Rose Santa Maria, Sílvia Helena Tortul Ferriolli* e *Maria Beatriz Martins Linhares* apresentam estudos de caso ilustrando a aplicabilidade da avaliação cognitiva assistida e a contribuição ao processo de avaliação psicológica.

Os estudos apresentados neste volume contaram com o imprescindível apoio das agências de fomento à pesquisa e à Pós-Graduação, CNPq, FAPESP e CAPES, subvencionando os diferentes trabalhos dos pesquisadores envolvidos. As autoras expressam seu mais profundo agradecimento àqueles que partilharam do desafio ou acreditaram no investimento em uma proposta de avaliação que se apresentava como inovadora e promissora na década de 90 do século passado.

Embora a avaliação assistida não se trate de uma proposta de avaliação psicométrica tradicional, requer cuidado especial em sua utilização pelos profissionais. Esta deve ser realizada preferencialmente combinada à avaliação psicométrica de inteligência quando for necessário um parecer diagnóstico sobre dificuldades ou recursos intelectuais da criança.

Esperamos que esta obra inédita no país, reunindo os primeiros resultados de pouco mais de uma década de pesquisas com essa modalidade assistida de avaliação psicológica e educacional em crianças, desperte o interesse de demais pesquisadores e seja útil para profissionais das áreas de Psicologia, Educação Especial e Psicopedagogia.

Maria Beatriz Martins Linhares
Ângela Coletto Morales Escolano
Sônia Regina Fiorim Enumo

-PARTE I-

Avaliação Assistida: Fundamentos Teórico-conceituais e Contribuições[1]

Maria Beatriz Martins Linhares
Ângela Coletto Morales Escolano
Sônia Regina Fiorim Enumo

A avaliação psicológica de crianças referidas para atendimento psicológico deve incluir, imprescindivelmente, a avaliação cognitiva, dada a necessidade de dimensionar as dificuldades e recursos intelectuais da criança. Com o objetivo de estabelecer medidas ou planos educacionais para o atendimento das necessidades de crianças referidas para atendimento psicológico, tem sido utilizada a avaliação segundo a tradição psicométrica dos testes de inteligência, os quais podem medir a idade mental (IM) ou quociente intelectual (QI). Esses procedimentos padronizados buscam avaliar o desempenho de um indivíduo comparado a uma norma ou padrão de referências, ou seja, à padronização de determinado teste (Cunha, Freitas & Raimundo, 1993; Lunt, 1994).

O pressuposto teórico da abordagem tradicional psicométrica se apóia na noção de que cada indivíduo é dotado com diferentes capacidades e de que essas capacidades ou faculdades mentais podem ser medidas por um escore mais ou menos invariável ao longo da vida. De modo geral, os testes tradicionais psicométricos oferecem informações restritas sobre os processos e estratégias cognitivas utilizadas pela criança na resolução de problemas, que são essenciais para definir procedimentos de intervenção educacionais ou terapêuticas.

No entanto, a avaliação intelectual não se restringe à abordagem tradicional psicométrica, podendo ser realizada segundo a abordagem cognitiva (Almeida, Roazzi & Spinillo, 1989). Esta abordagem, por sua vez, ressalta a necessidade de se conhecer a capacidade dos indivíduos em termos de processos cognitivos e sua operacionalização, enfatizando ser esta a maneira mais segura de se proceder a um diagnóstico preciso e, conseqüentemente, prescrever uma intervenção educacional ou psicopedagógica melhor fundamentada (Carneiro & Ferreira, 1992).

Portanto, além da abordagem tradicional psicométrica, têm sido também destacada a abordagem cognitiva, que, por sua vez, pode ser feita segundo uma modalidade psicogenética ou sócio-cognitiva (Almeida, et al., 1989; Linhares, 2000). A modalidade psicogenética, segundo Carneiro e Ferreira (1992), preocupa-se com as estruturas e os esquemas internos, destacando o processo de desenvolvimento.

Valoriza a qualidade dos processos cognitivos e o modo como se estruturam em sua gênese. Neste ponto, esta abordagem se contrapõe à psicométrica tradicional, uma vez que postula que a inteligência evolui de acordo com estágios de desenvolvimento cognitivo.

---

[1] Texto modificado com base nos textos: a) Linhares, M.B.M. (1995). Avaliação Assistida: fundamentos, definição, características e implicações para a avaliação psicológica. *Psicologia: Teoria e Pesquisa, 11* (1), 23-31; b) Linhares, M. B. M., Santa Maria; M. R., Escolano, A. C. M. & Gera, A. A. S. (1998). Avaliação assistida: uma abordagem promissora na avaliação cognitiva de crianças. *Temas em Psicologia, 6* (3), 231-254; c) Enumo, S. R. F. (2005). Avaliação assistida para crianças com necessidades educativas especiais: um recurso auxiliar na inclusão escolar. *Revista Brasileira de Educação Especial, 11* (3), 335-354.

A inteligência é concebida como um fenômeno que passa por vários níveis de desenvolvimento qualitativamente diferentes. Postula, ainda, que o desenvolvimento orgânico e intelectual caminha rumo ao processo de equilibração, o qual é conseguido por mecanismos de assimilação e da acomodação, que foram propostos por Jean Piaget. Da inquietação com relação aos resultados obtidos na avaliação tradicional psicométrica, emerge com Vygotsky sugestões de avaliações mais processuais e dinâmicas na forma de realização das provas ou teste e da interpretação dos seus resultados (Vygotsky, 1991). Os seguidores contemporâneos das idéias de Vygotsky formulam propostas de procedimentos operacionais de avaliação e de análise e interpretação de resultados que revertem em propostas de avaliação incluindo intervenções e manejo do examinador. A modalidade sócio-cognitiva, por sua vez, traz contribuições orientadas para informar sobre o funcionamento de processos cognitivos, eficiência em resolução de problemas, manutenção e transferências de aprendizagem, sensibilidade à mediação instrucional oferecida pelo examinador e indicadores do potencial da criança para aprender (Belmont, 1989; Brown & Ferrara, 1985; Feuerstein, Rand, Jensen, Kaniel & Tzuriel, 1987; Haywood & Tzuriel, 2002; Lewin, 1993; Linhares, 1995; Tzuriel & Klein, 1987; Tzuriel, 2001).

A combinação entre avaliar e intervir ensinando diretamente o examinando durante o procedimento de avaliação não se caracteriza em novidade, embora só recentemente, na década de 70 do século XX, começou a receber uma atenção mais significativa e a ser estudada de forma mais ampla (Lidz, 1987). Essa modalidade de avaliação, denominada avaliação assistida, avaliação dinâmica ou avaliação interativa será objeto desta parte no que se refere especificamente a sua fundamentação teórico-conceitual, definição, características principais, implicações para a avaliação psicológica e algumas considerações acerca de questões emergentes quanto à sua utilização.

Fundamentação Teórico-conceitual da Avaliação Assistida

A avaliação assistida ou dinâmica é uma inovadora abordagem para avaliar habilidades humanas, especialmente o potencial de aprendizagem, com o objetivo básico de identificar e remover barreiras não-intelectuais à expressão da inteligência (Haywood & Tzuriel, 2002).

A avaliação assistida vem sendo desenvolvida, desde a década de 70 do século XX, a partir dos trabalhos de Reuven Feuerstein e seus colegas, em Israel, insatisfeitos com a habilidade dos métodos de avaliação tradicionais em fornecerem informações sobre a habilidade para aprender dos estudantes, que possam ser diretamente aplicadas na prática por educadores e psicólogos clínicos e escolares (Campione, 1989; Deutsch, 2003; Haywood & Tzuriel, 1992, 2002; Lidz, 1987, 1991; Linhares, 1995; Tzuriel, 2001).

A essência do método é invocar o princípio científico da "inferência forte", ou seja, considerar todas as explicações alternativas para um pobre desempenho em aprendizagem e solução de problemas antes de inferir que são decorrentes de uma incapacidade para aprender (Utley, Haywood & Masters, 1992, p. 460). Parte também do princípio de que "(...) QI não é sinônimo de habilidade para aprender" (Lidz, 1991, p. 4). Em outras palavras, o conceito de inteligência, entendido como uma "habilidade inata", não é suficiente para explicar as diferenças individuais no pensamento, percepção, aprendizagem, solução de problemas e interação social (Haywood, Tzuriel & Vaught, 1992).

A idéia da avaliação assistida ou dinâmica, a qual defende a avaliação de "processos" mais do que "produtos" de aprendizagem, surgiu com a introdução da teoria de Vygotsky por Brown e Ferrara, e das idéias de Reuven Feüerstein por C. Haywood, na Psicologia norte-americana atual. Originou-se de concepções teóricas sobre a plasticidade da cognição humana e da necessidade prática de encontrar novas medidas de diagnóstico para crianças que não se saíam bem em testes convencionais. Os conceitos de 'zona de desenvolvimento proximal' (ZDP), de Vygotsky, e a 'teoria de aprendizagem mediada' ou da 'experiência da aprendizagem mediada' (MLE), de Feüerstein, formam a base conceitual para a elaboração da avaliação assistida ou dinâmica, "(...) atendendo a necessidade de incluir fatores sócio-culturais na compreensão do desenvolvimento cognitivo e do potencial de aprendizagem" (Tzuriel, 2001, p. 7).

Wiedl (2003, p. 95) considera que a avaliação assistida ou dinâmica envolveu em sua história, diferentes constructos teóricos, como zona de desenvolvimeto proximal (*zone of proximal development*), capacidade para aprender (*learning ability*), modificabilidade cognitiva (*cognitive modifiability*), reserva de capacidade básica (*baseline reserve capacity*), reserva de capacidade de desenvolvimento (*developmental reserve capacity*), responsividade à intervenção (*responsivity to intervention*) e potencial de reabilitação (*rehabilitation potential*), todos procurando representar um construto psicológico capaz de ser um indicador da variabilidade intra-individual.

Relaciona-se a novas concepções de inteligência e funcionamento humano e novos métodos de avaliação que vão além da abordagem interativa, como a "perspectiva transacional da avaliação psicoeducacional" de Tzuriel (Haywood, et al., 1992) e a "avaliação psicopedagógica dinâmica" de Fonseca (2001), que se aproxima de várias metodologias de avaliação, como a abordagem ao teste de aprendizagem (*learning test*) de Guthke (Guthke & Wingenfeld, 1992), os procedimentos de dicas graduadas (*graduated prompts assessment*) de Campione e Brown (1987), o treino de procedimentos para testes (*learning potential assessment*) de Budoff (1987b), a reestruturação dos dados em presença do teste de Carlson e Wiedl (1992a), a indução de estruturas lógicas de Paour (1992), a "propensão" à aprendizagem de Feuerstein (1979) e Tzuriel (2001); e a avaliação interativa de Haywood (Haywood & Tzuriel, 1992) e Lidz (1987, 1991).

A avaliação assistida fundamenta-se, assim, principalmente, na abordagem sócio-construtivista do desenvolvimento cognitivo proposto por Vygotsky (Brown & Ferrara, 1985; Campione & Brown, 1990). De acordo com esta abordagem (Vygotsky, 1991/1970), o pensamento da criança se caracteriza por um conjunto de estratégias ativas orientadas para atingir um objetivo. Embora em última análise o pensamento seja internalizado, ele se desenvolve e opera dentro de um contexto de influência social. A aprendizagem, por sua vez, é concebida como um fenômeno interpessoal, isto é, como um evento social e dinâmico. O conceito de aprendizagem mediada, aprendizagem que depende de duas pessoas, uma mais bem informada do que a outra, possibilitando uma mediação social na experiência do aprender, a fim de que o menos habilitado se torne progressivamente capaz, teve implicações significativas na área de avaliação do desenvolvimento intelectual.

No contexto de questionamentos dos testes padronizados de medida de desempenho e habilidades, foi proposta a avaliação do potencial de aprendizagem mais do que do desempenho real, que refletia apenas o conhecimento acumulado pelo indivíduo até o momento da avaliação. Pressupõe-se a existência de dois níveis de desempenho, real e potencial, no conceito formulado por Vygotsky de zona de desenvolvimento proximal, distância entre o nível de desenvolvimento real, indicativo do que a criança é capaz de fazer sem ajuda, e o nível de desenvolvimento potencial, determinado por meio da solução de problemas sob a orientação de um adulto ou em colaboração com companheiros mais capazes do que a criança. Enquanto as avaliações psicométricas tradicionais de inteligência visam a atingir o nível alcançado pela criança quando trabalha sozinha (nível de desenvolvimento real), a avaliação dentro da abordagem sócio-cognitiva visa ao desempenho da criança durante e após assistência (nível de desempenho potencial). Vygotsky (1991/1970) enfatizou a importância de revelar o potencial para aprender que está encoberto, em fase de formação, embrionário, mas que pode ser atingido por intermédio da experiência de aprendizagem mediada socialmente. A concepção de inteligência subjacente a esta abordagem engloba a diferenciação entre a inteligência prática, raciocínio técnico sem mediação e inteligência mediada, que é o produto do entrelaçamento entre o pensamento e a linguagem. O pensamento verbal constitui-se no nível mais alto de funcionamento cognitivo, pois envolve a reflexão, o planejamento e a organização, propiciados pelo pensamento verbal que é construído por meio da mediação simbólica ou social. O pensamento verbal caracteriza-se, portanto, pela linguagem internalizada (fala interior ou privada) capaz de regular o comportamento do indivíduo, mediando simbolicamente suas ações inteligentes.

Na abordagem sócio-cognitiva, pode-se identificar um avanço na avaliação cognitiva de crianças, que conduz a uma avaliação dinâmica e interativa, incluindo assistência do examinador na situação de avaliação. Esta ajuda pode ir além de uma instrução inicial padronizada, oferecendo pistas adicionais dentro de um processo de interação mediada entre examinador e examinando. A avaliação visa a atingir não só o conhecimento já adquirido ou acumulado, expresso pelo desempenho entendido como produto consolidado, mas principalmente os indicadores de potencial de aprendizagem da criança identificados por meio das estratégias em tarefas de resolução de problemas.

Definição da Avaliação Assistida

A avaliação assistida cria uma situação de ensino-aprendizagem durante o processo de avaliação cognitiva da criança. Caracteriza-se por incluir um suporte instrucional, temporário e ajustável ao desempenho da criança. Oferece um conjunto de estratégias instrucionais reguladas às necessidades da criança com a finalidade de garantir o fornecimento de ajuda, melhorando as condições da situação de avaliação, para que o examinando possa atingir um grau crescente de autonomia em situações de resolução de problemas cognitivos ou de aprendizagem (Linhares, 1995). A avaliação assistida tem sido apresentada como uma abordagem de avaliação que se aproxima do processo de ensino-aprendizagem (Campione, 1989; Linhares, 1995; Sternberg & Grigorenko, 2002; Swanson, 1995). Inclui regulação da ajuda às demandas da criança para garantir desempenho eficiente na resolução de problemas. Na medida em que engloba ensino ou mediação no processo de avaliação, tal abordagem cria uma situação de observação que permite analisar a dinâmica da criança quanto à sensibilidade e aproveitamento das instruções recebidas por parte do examinador-mediador.

A avaliação que permite o oferecimento da assistência pelo examinador reveste-se de caráter mais interativo, processual e dinâmico, devido a essa característica, aproxima-se de situações interativas de ensino-aprendizagem, em comparação a medidas psicométricas tradicionais, as quais se apresentam mais distantes, artificiais e centradas em produtos de desempenho (correto ou incorreto) realizado de forma independente pela criança.

Segundo Tzuriel (2001, p. 6) a avaliação assistida ou dinâmica pode ser definida como "(...) uma avaliação do pensamento, percepção, aprendizagem e solução de problemas por meio de um ativo processo de ensino voltado para modificar o funcionamento cognitivo", diferindo-se dos testes convencionais por seus objetivos, processos, instrumentos, situação de teste e interpretação dos resultados, como se observa no Quadro 1.

Quadro 1 - Principais diferenças entre Avaliação Dinâmica e Estática

Dimensões de comparação	Avaliação Dinâmica	Avaliação Estática
Objetivos	*Avalia:* mudança mediação funções cognitivas deficientes fatores não-intelectuais	*Avalia:* desempenho estático comparação com pares predição de sucesso
Orientação	processos de aprendizagem processos metacognitivos compreensão dos erros	produto final (estático) resultados objetivos perfil de resultados
Contexto de aplicação	dinâmico, aberto, interativo orientação, ajuda, *feedback* sentimento de competência pais e professores podem observar	padronizado estruturado formal pais e professores não podem observar
Interpretação dos resultados	teto máximo do desempenho modificabilidade cognitiva funções cognitivas deficientes resposta à mediação sujeito como seu próprio controle	desempenho médio comparação com normas e tabelas
Natureza das tarefas	construídas para aprendizagem graduadas para o ensino garantia de sucesso	baseadas em propriedades psicométricas interrupção após erros

Características da Avaliação Assistida

Por ser mais um conceito geral do que um claro conjunto de técnicas e procedimentos específicos, a avaliação assistida inclui uma variedade de teorias, metodologia, funções e objetivos, assumindo vários formatos diferentes, sendo pioneira a abordagem "clínica" de Feuerstein e Tzuriel, em Israel, a qual é seguida pelos psicólogos do Reino Unido (Elliott, Lauchlan & Stringer, 1996). Nos EUA e na Europa, e especialmente no contexto da pesquisa, tem sido utilizado o modelo de aplicação padronizado, "estruturado", seja na aplicação ou na pontuação dos resultados, traduzido na seqüência "teste-assistência-reteste", que permite não só observar os ganhos da criança após a ajuda, mas também verificar se a aprendizagem se mantém, quando a tarefa é reapresentada sem ajuda (Campione, 1989; Elliott, et al., 1996; Lidz, 1991; Linhares, 1995; Wiedl, 2003). Em todos, porém, sempre a interação deve servir para otimizar mais do que obter uma amostra do funcionamento típico do examinando, pois o objetivo é compreender como a criança aprende, oferecendo uma situação em que ela se engaja no processo de aprendizagem e o examinador ativamente tenta facilitar sua competência cognitiva (Lidz, 1996). Nesse sentido, o interesse está "(...) menos na avaliação da inteligência *per si* do que na observação da aplicação das funções cognitivas dentro da situação de aprendizagem" (Lidz, 1996, p. 281). Desse modo, fornece informações sobre processos metacognitivos funcionais e disfuncionais, em vias de desenvolvimento no caso de pré-escolares, e sobre a intensidade de assistência necessária para produzir mudanças, oferecendo sugestões para intervenção educacional que parecem facilitar e melhorar o desempenho do aprendiz (Lidz, 1991; Tzuriel, 2001).

Na avaliação assistida, segundo Campione (1989) e Lunt (1994), devem ser levadas em conta quatro dimensões importantes para sua caracterização, a saber:

a) a *interação*, que são ações partilhadas entre o indivíduo menos competente e o indivíduo competente; por meio da interação, viabiliza-se a mediação da aprendizagem à criança com ajuda total ou parcial por parte do examinador-mediador;

b) *método*, que pode ser clínico ou estruturado em fases, de acordo com o grau de estruturação da interação entre examinador e examinando e com a maneira de incorporar as intervenções de ajuda ou assistência no processo de avaliação;

c) o *conteúdo*, que é o objetivo da tarefa da avaliação assistida; esta pode avaliar diferentes habilidades, tanto de domínio geral cognitivo, envolvendo operações cognitivas e raciocínio, quanto de domínios específicos;

d) o *foco*, que informa se houve mudança com a ajuda e como se processou, se houve manutenção e transferência de aprendizagem do processo de solução de tarefa e como se dá a responsividade da criança às instruções adicionais recebidas por parte do examinador.

Entre as dimensões relevantes da avaliação assistida, Campione (1989) e Linhares (1995) destacam que o método de ajuda ou de mediação do examinador vai além das instruções iniciais, podendo fornecer instruções adicionais individualizadas durante o processo de avaliação da criança. Com relação ao método de ajuda durante avaliação, este pode ser *clínico ou estruturado*, dependendo do grau de estruturação da interação entre examinador e examinando. No *método estruturado*, as intervenções de assistência do examinador são sistematizadas, sendo o procedimento de avaliação delineado em fases: *fase inicial sem ajuda do examinador* (pré-teste), *fase de assistência do examinador*, *fase de manutenção* (após a suspensão da assistência) e *fase de transferência* (generalização). Nas fases *inicial* (*sem ajuda*) e de *manutenção* (*pós-teste*) é oferecida à criança instrução padronizada, devendo o examinador fornecê-la com uma postura neutra, sem introduzir a assistência. Na *fase de assistência*, por sua vez, o examinador pode intervir, orientar, explicar, controlar a impulsividade, reforçar e dar *feedback*, entre outras formas de ajuda ao examinando (Linhares, 1995). Esse tipo de intervenção pode ser estruturado, por meio de um gradiente de mediação, que consiste em uma série limitada e gradual de ajuda, ordenada em nível crescente (partindo do mais geral para o mais específico, da menor ajuda para a maior) conforme a necessidade do examinando (Lidz & Thomas, 1987; Ferriolli, Linhares, Loureiro & Marturano, 2001; Santa Maria & Linhares, 1999). Por outro lado, as intervenções também podem ser oferecidas livremente seguindo apenas diretrizes gerais de assistência, sem o gradiente de mediação (Linhares, Santa Maria, Escolano & Gera, 1998).

O *método clínico*, por sua vez, tem por objetivo obter informações qualitativas sobre os processos cognitivos da criança e o tipo de ajuda que ela requer para aprender com maior eficiência. Na avaliação baseada no método clínico, as intervenções de ajuda do examinador ao examinando não são sistematizadas, mas oferecidas de maneira livre e flexível durante a avaliação. O *Learning Potential Assessment Device* (LPAD), proposto por Feuerstein, et al. (1987), pode ser um exemplo do *método clínico*; embora siga alguns princípios de ensino-aprendizagem, a assistência é flexível e regulada conforme o desempenho da criança.

Uma contribuição importante da avaliação assistida consiste em fornecer indicadores do potencial de aprendizagem da criança, identificados por intermédio das estratégias de solução, ou seja, a quantidade e tipo de ajuda necessária para que a criança solucione efetivamente a tarefa, a relevância das estratégias cognitivas e os tipos de tentativa de solução utilizados na execução da tarefa (Linhares, 1991, 1996). Por meio desses indicadores, pode-se obter melhor compreensão sobre os processos cognitivos utilizados pela criança durante a realização de tarefas, salientando não somente o que pode ser melhorado, mas também a capacidade da criança em se beneficiar da ajuda recebida durante o processo mediado de aprender.

A avaliação assistida permite, ainda, que o indivíduo seja comparado com ele mesmo em dois momentos distintos: quando trabalha sozinho e quando trabalha com a assistência presente do examinador ou após a suspensão dessa assistência (Haywood & Wingenfeld, 1992; Jitendra & Kameenui, 1993). Nesse sentido, o indivíduo é o seu próprio controle durante o processo de avaliação do desempenho em tarefas de natureza cognitiva.

A sensibilidade para revelar dificuldades cognitivas e fornecer indicadores do desempenho potencial encoberto da criança, faz com que a avaliação assistida se torne um recurso promissor na área da avaliação cognitiva, principalmente de crianças que apresentam dificuldade de aprendizagem, deficiência mental ou desvantagens culturais.

Os dados obtidos com esse tipo de avaliação fornecem informações prospectivas e não meramente retrospectivas, contribuindo, portanto, em alguns casos para retirar crianças de categorias diagnósticas identificadas por meio de testes psicométricos tradicionais. Permite discriminar as crianças que apresentam dificuldades cognitivas reais daquelas identificadas como "pseudo-deficientes", ou seja, que apresentam dificuldades de aprendizagem devido à falta ou inadequação de experiências de aprendizagem mediada (Feuerstein, Rand, Hoffman & Miller, 1980; Swanson, 1995).

A mediação de ajuda, no método clínico ou no estruturado em pistas, pode ser identificada nas ações partilhadas entre o indivíduo mais competente (examinador) e o sujeito menos competente (examinando). As pistas oferecidas para ajudar a criança a resolver a tarefa podem consistir em: demonstrações, sugestões, adicionais verbais de memória (repetições, autoverbalizações), adicionais concretos de memória (materiais de apoio), fornecimento e indicação de material, tolerância ao erro, permitindo novas tentativas e oportunidades para correção, tolerância no tempo de realização, verbalização antes e durante a solução, análise das estratégias de solução, justificativa de respostas, *feedback* durante e após a solução, entre outras formas de ajuda (Linhares, 1995).

Desse modo, torna-se evidente a diferença entre a avaliação cognitiva tradicional psicométrica e a avaliação cognitiva assistida. Na primeira, as instruções são padronizadas, enquanto que, na última, embora exista uma padronização das instruções iniciais, permite uma certa flexibilidade, uma vez que o examinador funciona como um facilitador para que a aprendizagem se processe da melhor maneira possível durante a avaliação. Em segundo lugar, diferem quanto ao foco da avaliação. Na avaliação psicométrica tradicional, investiga-se o produto, ou seja, o que a criança já é capaz de fazer por si mesma; enquanto que, na avaliação cognitiva assistida, além de ocorrer uma investigação dos produtos, também são investigados os processos de aprendizagem, ou seja, as estratégias que o indivíduo usa para aprender e as formas como estas podem ser ampliadas e melhoradas. Finalmente, a avaliação psicométrica tradicional visa à obtenção de um único escore para comparar o examinando com seu grupo de referência ou padronização, enquanto que a avaliação assistida visa obter informações sobre indicadores do processo de aprendizagem do indivíduo, como é o seu desempenho sem ajuda e com ajuda, sua sensibilidade à instrução mediada, sendo o indivíduo o seu próprio controle.

Procedimentos de Avaliação Assistida

A avaliação assistida pode ser utilizada em pelo menos dois diferentes grupos de tarefas: testes psicométricos tradicionais (Raven, Cubos de Kohs, WISC), aplicados primeiramente da forma padronizada e depois com assistência ou mediação do examinador (Budoff, 1987a, 1987b; Carlson & Wiedl, 1978, 1992b; Das & Naglieri, 1992) ou tarefas construídas especialmente para serem aplicadas em procedimentos de avaliação assistida, tais como o teste dinâmico interativo - *Children's Analogical Thinking Modifiability Test* - CATM (Tzuriel & Klein, 1987, 1990) e tarefas de resolução de problemas por meio de perguntas de busca e restrição de alternativas ("*constraint - seeking questions*") (Barton, 1988; Linhares et al., 1998).

Teste Psicométrico – Raven

A utilização das Matrizes Progressivas Coloridas de Raven - Escala Especial, com uma abordagem de avaliação assistida, foi sugerida por diferentes autores (Lidz & Thomas, 1987; Sànchez, 1987).

Segundo Sànchez (1987), existem diversas operações mentais implícitas na tarefa do Raven (MPC), podendo-se destacar:

a) raciocínio abstrato;
b) discriminação;
c) atenção seletiva;
d) articulação de um campo completo;
e) análise - síntese;
f) segregação de elementos idênticos;
g) classificação;
h) representação;
i) pensamento analógico;
j) fechamento (closura);
k) multiplicação lógica.

Essas operações variam de acordo com os itens do teste e não são mutuamente exclusivas, ou seja, em um item pode coexistir mais de uma operação. Nesse sentido, o Raven permite a observação de operações cognitivas que podem estar deficitárias na criança, como por exemplo:

a) dificuldade para perceber a existência do problema e definí-lo;
b) percepção episódica na captação dos estímulos;
c) busca exploratória não planejada e assistemática;
d) dificuldade ou falta de análise comparativa;
e) falta ou disfunção de conservação das constâncias (tamanho, forma, quantidade, cor, orientação espacial etc.);
f) falta de generalização de aprendizagem para problemas novos e similares; entre outras.

Portanto, segundo Sànchez (1987), o Raven apresenta-se como uma tarefa rica de resolução de problemas do ponto de vista cognitivo e sua aplicação em situação de avaliação assistida pode trazer informações relevantes acerca do funcionamento cognitivo da criança. A aplicação do Raven com assistência, visaria, então, a "otimizar" a situação de avaliação e verificar se melhorando as condições de aplicação para a criança, ela conseguiria, em contrapartida, melhorar as operações cognitivas deficitárias. O teste de Raven pode ser aplicado de acordo com as normas de padronização do teste e em seguida pode-se proceder à avaliação assistida dos itens em que as respostas foram incorretas. Rangel e Wechsler (Parte III – deste livro) o utilizaram como pré-teste para crianças do grupo controle e grupo experimental, seguindo as instruções padronizadas. Contudo, após a aplicação do teste, para o grupo experimental, era solicitado à criança que descrevesse verbalmente o desenho principal de cada página do caderno de teste e justificasse a resposta escolhida, com o propósito de melhorar as condições de aplicação do teste durante a avaliação.

Teste de Modificabilidade Cognitiva – CATM

O CATM (*Children's Analogical Thinking Modifiability Test*), por sua vez, consiste em uma avaliação da "modificabilidade cognitiva", denominação utilizada por Feüerstein et al. (1979), elaborado para crianças pré-escolares ou com necessidades educacionais especiais (Tzuriel & Klein, 1987, 1990). O CATM envolve raciocínio analógico na resolução de problemas, seu material inclui 18 blocos coloridos de fórmica, diferentes na cor, forma e tamanho e três conjuntos, com 14 problemas cada, de problemas analógicos, destinados às fases: pré-treino, treino/ensino e pós-treino (Linhares et al., 1998).

O CATM está organizado em quatro fases: a) *fase preliminar*, com o objetivo de familiarizar a criança com características específicas dos materiais do teste e conceitos básicos de cor forma e tamanho, e ensinar regras básicas de resolução de problemas analógicos; b) *fase pré-treino*, que serve de linha de base para a avaliação da modificabilidade do raciocínio analógico da criança; c) a *fase treino* ou ensino, que tem por objetivo ensinar a criança como procurar por dimensões relevantes necessárias para a solução analógica, compreender regras de transformação e princípio analógicos, procurar sistematicamente os blocos corretos, e melhorar a eficiência de desempenho.

Para a maior parte dos problemas, há duas maneiras principais de ensinar a relação analógica:

a) a abordagem analítica em que cada dimensão é analisada separadamente, de modo que a criança tenha que determinar a cor do bloco ausente, só então ela passa para determinar sua forma e finalmente o tamanho;

b) a abordagem de intervenção, envolvendo regras de transformação, como, por exemplo: "*Aqui, o vermelho torna-se azul* (o examinador aponta os primeiros dois blocos). *O que acontecerá ao vermelho aqui?*" (o examinador aponta para o terceiro bloco e para a célula vazia do cartão);

c) fase *pós-treino*, após a suspensão da ajuda, avalia-se o nível de desempenho da criança, para ser comparada com seu desempenho no pré-treino.

O registro e a análise dos dados levam em conta o desempenho da criança nas diferentes fases, a fim de identificar se existem ganhos com a assistência do examinador. São levados em conta tanto os acertos totais (crédito total), assim como os acertos parciais em algumas dimensões do problema (créditos parciais). Tanto o aspecto quantitativo como qualitativo são levados em conta na análise dos dados, e a quantidade de melhora serve como uma indicação da modificabilidade da criança, em vez de uma evidência da realização duradoura e estável (Cunha, Enumo & Pedroza, 2004; Linhares et al., 1998; Paula & Enumo, no prelo).

Perguntas de Busca de Informação

Em relação às diferentes tarefas de resolução de problemas utilizadas na avaliação assistida, aquelas que envolvem perguntas de busca de informação permitem verificar a eficiência ou não da implementação de estratégias relevantes de formular questões para obter informações, a fim de analisar alternativas, eliminar possibilidades irrelevantes e solucionar corretamente o problema (Barton, 1988; Bordin & Linhares, 2001; Courage, 1989; Bransford & Stein 1993; Dias, 2004; Dias & Enumo, 2004; Enumo & Batista, 2000; Enumo, Batista, Ferrão & Ferreira, 2000; Escolano 2000, 2004; Escolano & Linhares, 1998; Ferriolli et al., 2001; Gera & Linhares, 2001; Houwie, 1975; Linhares, 1991, 1995, 1996, 2000; Linhares et al., 1998; Santa Maria & Linhares, 1999).

Procedimentos de resolução de problemas, que focalizam as estratégias de busca de informação por meio da formulação de perguntas, levam a criança a refletir e investigar a relevância das informações até chegar à solução. Envolve a formulação, por parte da criança, de perguntas de busca de informação com raciocínio de exclusão de alternativas. Frente a um conjunto de estímulos, a criança formula perguntas sobre atributos dos mesmos a fim de descobrir uma figura-alvo selecionada previamente pelo examinador. A criança deve formular questões que envolvam apenas um atributo dos estímulos de cada vez, pois as respostas do examinador só poderão ser do tipo "sim" ou "não".

Na tarefa de perguntas de busca de informação com restrição de alternativas, podem ser identificadas algumas funções cognitivas importantes definidas por Feuerstein et al. (1980), como por exemplo: comparação sistemática de atributos de estímulos, procedimento analítico, relação de dados relevantes em contraposição a dados irrelevantes na solução do problema, consideração de duas ou mais fontes de informações simultâneas e manutenção da constância de determinado atributo associada à variação dos demais.

Tarefas de perguntas de busca envolvem a formulação de questões e, segundo Ceneviva (1985), saber perguntar é essencial para se adquirir conhecimentos ou tomar as providências necessárias para adquiri-lo. Courage (1989) afirma que aprender a formular questões é uma atividade relevante, pois a busca de informação capacita a criança a adquirir conhecimentos, compreender ambigüidades, analisar as situações específicas e resolver problemas. Aprender a fazer perguntas, portanto, ajuda na organização de processos cognitivos, facilita a aquisição de conhecimento e, conseqüentemente, melhora a aprendizagem.

Baseando-se no *Jogo das 20 questões (Twenty questions-game)* de Mosher e Hornsby (apud Barton, 1988), foram desenvolvidos o *Jogo de Perguntas de Busca com Figuras Geométricas* (PBFG) (Linhares, 1996) e o *Jogo de Perguntas de Busca com Figuras Diversas* (PBFD) (Gera & Linhares, 1998), que têm por objetivo investigar as estratégias utilizadas pela criança para a elaboração de questões de busca de informação em situação de resolução de problemas (*constraint- seeking questions*). A criança precisa formular perguntas de busca de informação, com a intenção de descobrir, por raciocínio de exclusão de alternativas, qual das oito figuras em cada arranjo foi escolhida pela examinadora como figura-alvo sobre a qual ela está pensando.

Posteriormente, Enumo e Batista (2000) adaptaram o Jogo de Perguntas de Busca com Figuras Geométricas para crianças com deficiência visual (cegueira e baixa visão). O objetivo do jogo foi mantido, sendo reduzido o número de figuras por cartão (de oito para quatro) e modificado um dos atributos dos estímulos das figuras geométricas (de cor, forma e tamanho para textura, forma e tamanho, respectivamente).

Implicações da Avaliação Assistida para a Avaliação Psicológica

Com base na especificidade da avaliação assistida, algumas implicações dessa modalidade para a avaliação psicológica, as quais emergem das pesquisas na área, foram apontadas por Goetz, Hall e Fetsco (1990). Primeiramente, de ter uma função diagnóstica, ao complementar com informações adicionais, que vão além das avaliações psicométricas tradicionais, fornecendo indicadores do desempenho potencial para a aprendizagem. Em segundo lugar, de ser sensível para detecção de variações individuais, ao revelar a eficiência de aprendizagem das crianças, principalmente daquelas com diferenças ou privações culturais. Em terceiro lugar, de detectar variações intragrupo de crianças que se desempenham pobremente em avaliações padronizadas.

Por fim, de ter um significado prescritivo no diagnóstico, ao focalizar o que pode ser melhorado por meio da prática guiada e a habilidade da criança em se beneficiar com as pistas adicionais durante a fase de assistência no processo de solução da tarefa. Devido ao fato de a avaliação assistida se concentrar mais na habilidade para adquirir conhecimentos do que no conhecimento em si, ela se torna um procedimento útil com crianças que tiveram menos oportunidades educacionais, que apresentam problemas de aprendizagem ou deficiência cognitiva (Glutting & McDermort, 1990). A avaliação assistida pode ter então um papel importante no diagnóstico psicológico por constituir-se uma fonte adicional de informação que ajuda a identificar as variações individuais dessas crianças.

Barton (1988) salienta a importância da utilização de suporte assistencial à criança com dificuldades de aprendizagem em situação de avaliação, para que ela possa desenvolver e implementar efetivamente estratégias de resolução de problemas. Por intermédio da utilização de ajuda em tarefas de perguntas de busca (Barton, 1988; Courage, 1989; Denney Jones & Krigel, 1979; Linhares, 1991, 1994), nas Matrizes Progressivas de Raven (Carlson & Wiedl, 1978), nos Cubos de Kohs (Hamilton & Budoff, 1974) e em tarefas de completar séries (Brown & Ferrara, 1985), foi possível avaliar que crianças com dificuldade de aprendizagem atingiam níveis mais elevados de desempenho em relação ao seu desempenho inicial sem assistência.

Campione e Brown (1990) salientam que a avaliação assistida envolvendo aprendizagem mediada visa justamente identificar um aprendiz eficiente e capaz de realizar transferência de aprendizagem de maneira flexível. A eficiência e transferência de aprendizagem refletem em boa parte a operação de habilidades auto-regulatórias, metacognitivas, como abordagem de planejar resolução de problemas, buscar informação adicional, estabelecer analogias, monitorar progressos centrais do baixo desempenho acadêmico de alunos. A comparação entre crianças classificadas como deficientes mentais e crianças de um grupo controle, quanto a resultados em avaliações baseadas em aprendizagem guiada e transferência de aprendizagem, mostrou que o melhor preditor da trajetória futura dos alunos foi o desempenho na transferência durante o processo de aprendizagem, que indica se a criança compreendeu os procedimentos de aprendizagem aplicando de modo flexível tais procedimentos em contextos novos e similares.

Conseqüentemente, o reconhecimento de que as crianças podem apresentar variações individuais no seu potencial para aprender tem um reflexo significativo na concepção que se tem acerca da criança no que se refere às questões de ensino-aprendizagem. Por meio, da avaliação, deve-se atingir seu desempenho potencial, e não apenas o real, de base, e as intervenções educacionais ou terapêuticas devem passar a se concentrar no nível de funcionamento que a criança pode atingir com ajuda, atuando dessa forma na região de sensibilidade do examinando à instrução.

Além disso, pode-se salientar que avaliação assistida, ao transcorrer em condição de suporte instrucional de ajuda, apresenta um caráter de apoio e incentivo à criança. O examinador, ao dar oportunidades para a criança melhorar seu desempenho durante o processo de avaliação, pode estar ao mesmo tempo promovendo seu sentimento de competência. Jensen (citado por Mearig, 1987) notou que, se a criança percebe sua incompetência cedo na aprendizagem e começa a antecipar fracasso, pode haver um fechamento prematuro do esforço para sucesso, provavelmente, diante de tarefas percebidas como difíceis; isso acarreta dificuldade na absorção da informação essencial ou mesmo na consideração de todas as alternativas para a resolução de problema. Nesse sentido, a avaliação assistida pode garantir um ambiente facilitador para a criança demonstrar sua competência na resolução de tarefas.

Apesar das diferenças entre a avaliação psicométrica tradicional e a avaliação assistida, há uma tendência de alguns autores usá-las combinadas, adotando que as informações específicas advindas de cada abordagem se complementam (Brown & Ferrara, 1985; Ferriolli et al., 2001; Linhares, 1996; Santa Maria & Linhares, 1999; Swanson, 1995). A avaliação psicométrica tradicional informa sobre o nível de desempenho intelectual da criança em comparação com seus pares, enquanto que a avaliação assistida complementa estas informações fornecendo indicadores do potencial cognitivo e da sensibilidade à instrução.

Baseando-se nesta concepção, Linhares (1998) conclui que a avaliação cognitiva não deve basear-se em um único teste, sendo indicada a combinação de procedimentos de diferentes abordagens, no intuito de melhor compreender o funcionamento cognitivo da criança. Apesar de as abordagens psicométrica tradicional e assistida possuírem concepções epistemológicas diferentes, na pesquisa e na prática, as informações obtidas por meio de cada avaliação podem ser eficientemente complementares. Tzuriel (2001) corrobora essa conclusão quando considera a "(...) avaliação dinâmica como uma rica e útil abordagem complementar, que junto com a avaliação padronizada, normativa, retrata um quadro holístico e acurado do funcionamento cognitivo" (pp. XI), especialmente para pessoas com necessidades educativas especiais, oferecendo informações específicas e precisas para o processo de intervenção, ao invés de vagas recomendações.

Com suas vantagens, a avaliação assistida ou dinâmica é tida como uma ferramenta para a pesquisa e para o trabalho clínico nas áreas de Psicopatologia, Neuropsicologia, Educação, Educação Especial, estudo de diferenças culturais e desenvolvimento humano. Tem sido utilizada geralmente de modo individualizado, mas há trabalhos de aplicação em grupo (Tzuriel & Feuerstein, 1992) e alguns computadorizados (Tzuriel & Shamir, 2002), com limitações, segundo Lidz (1991), e em muitos contextos: avaliação de crianças em risco de fracasso escolar, em desvantagem social, com retardo mental, surdez, altas habilidades, problemas emocionais, dificuldades de aprendizagem (crianças e adultos), pré-escolares, estudantes universitários, penitenciários, pacientes com danos cerebrais, esquizofrênicos, adolescentes psicóticos, minorias culturais, na análise da mediação pais-criança, e de habilidades lingüísticas de narrativa; e na avaliação de programas de educação cognitiva, como o *Bright Start* de autoria de H. C. Haywood, e de educação pré-escolar (Haywood & Miller, 2003; Haywood & Tzuriel, 1992, 2002; Lidz, 1989, 1991; Miller, Gillam & Peña, 2001; Tzuriel, 2001).

No Brasil, pesquisas sobre avaliação assistida têm sido desenvolvidas desde o início da década de 90, basicamente em três universidades – Universidade de São Paulo (USP/Ribeirão Preto), sob a coordenação de Linhares (1991), no Centro de Estudos e Pesquisa em Reabilitação da Universidade Estadual de Campinas (Cepre/UNICAMP), sob coordenação de Batista (Batista & Enumo, 2000), desde 1998, e na Universidade Federal do Espírito Santo (UFES), sob coordenação de Enumo (Enumo, 2005a, 2005b; Enumo & Batista, 2000; Enumo, Cunha, Paula & Dias, 2002; Enumo et al., 2003), desde 1999. Os trabalhos têm sido realizados em:

a) alunos de primeira série do Ensino Fundamental (Escolano, 2000);

b) crianças com dificuldade de aprendizagem (Dias, 2004; Dias & Enumo, 2004; Dias & Enumo, no prelo; Ferriolli, 2000; Gera, 2001; Linhares, 1996; Linhares et al., 1998; Santa Maria & Linhares, 1999);

c) crianças com deficiência mental (Santa Maria & Linhares, 1999);

d) crianças prematuras (Bordin, 2004; Bordin, Linhares & Jorge, 2001);

e) crianças com deficiência visual (Batista, Horino & Nunes, 2004; Enumo & Batista, 2000; Enumo, Batista & Ferrão, 2005; Cunha, 2004; Cunha et al., 2004);

f) crianças com problemas de comunicação (Paula, 2004; Paula & Enumo, no prelo);

g) na avaliação assistida da habilidade lingüística da narrativa em crianças com câncer (Motta et al., 2005) e em pré-escolares (Orlandi, Motta, Leite, Enumo & Rodrigues, 2004);

h) para avaliação de programas de intervenção com crianças com necessidades educativas especiais (Dias, Paula, Ferrão & Enumo, no prelo), em criatividade (Dias, 2004; Dias, Enumo, Pereira, Rabbi & Ribeiro, 2003), com sistemas de comunicação alternativa e ampliada (Paula, 2004; Paula & Enumo, no prelo; Paula, Enumo & Maia, 2004) e de intervenção no ensino regular (Escolano, 2000; 2004);

i) na avaliação dos fatores não-intelectuais em provas assistidas para crianças com necessidades educativas especiais (Ferrão, 2005; Ferrão et al., 2005; Orlandi, Ferrão & Enumo, 2004);

j) na análise da mediação materna na interação mãe-criança com deficiência visual em situação de jogo (Cunha, 2004; Cunha, Enumo & Pedroza, 2004);

l) na análise da mediação do psicólogo durante a aplicação de programas de intervenção em crianças com necessidades educativas especiais nas áreas de criatividade, desempenho matemático, linguagem, problemas de comunicação, deficiência visual, assim como no grupo de crianças vulneráveis com câncer (Enumo et al., 2003).

Referências Bibliográficas

Almeida, L., Roazzi, A. & Spinillo, A. (1989). O estudo da inteligência: Divergências, convergências e limitações dos modelos. *Psicologia: Teoria e Pesquisa, 5* (20), 217-230.

Batista, C. G. & Enumo, S. R. F. (2000). Desenvolvimento humano e impedimentos de origem orgânica: o caso da deficiência visul. In M.C.S. Menandro & H. A. Novo (Orgs.), *Olhares diversos: Estudando o desenvolvimento humano* (pp.153-169), Vitória/ES: Programa de Pós-Graduação em Psicologia/UFES; PROIN/CAPES.

Batista, C. G., Horino, L. E., & Nunes, S. S. (2004). Avaliação assistida de habilidades cognitivas em crianças com deficiência visual e com dificuldades de aprendizagem. *Psicologia: Reflexão e Crítica, 17* (3), 381-393.

Barton, J. (1988). Problem-solving strategies in learning disabled and normal boys: Developmental and instructional effects. *Journal of Educational Psychology, 80* (2), 184-191.

Belmont, J. M. (1989). Cognitive strategies and strategic learning: the socio-instrutional approach. *American Psychologist, 44* (2), 142-148.

Bordin, M. B. M. (2005) *Desenvolvimento psicológico na fase escolar de crianças ex-prematuras, diferenciadas quanto ao risco clínico neonatal* (165 pp). Tese de Doutorado não publicada, Faculdade de Filosofia, Ciências e Letras de Ribeirão Preto, Universidade de São Paulo, Ribeirão Preto, SP.

Bordin, M. B. M., Linhares, M. B. M., & Jorge, S. M. (2001). Aspectos cognitivos e comportamentais na média meninice de crianças pré-termo de 1.500g. *Psicologia: Teoria e Pesquisa, 17*(1), 49-57.

Bransford, J. D., & Stein, B. S. (1993). *The importance of problem solving. In Ideal problem solver: A guide for improving thinking, learning, and creativity* (pp. 1-15). New York: W. H. Freeman and Company.

Brown, A. L., & Ferrara, R. A. (1985). Diagnosing zones of proximal development. In J. V. Wertsch (Ed.), *Culture communication and cognition: Vygotskian perspectives* (pp. 273-305). Cambridge, Cambridge University Press.

Budoff, M. (1987a). Measures for assessing learning potential. In C. S. Lidz (Ed.), *Dynamic assessment: An interactional approach to evaluating learning potential* (pp. 173-195). London: Guilford Press.

Budoff, M. (1987b). The validity of learning potential assessment. In C. S. Lidz (Ed.), *Dynamic assessment: An interactional approach to evaluating learning potential* (pp. 52-81). London: Guilford Press.

Campione, J. C. (1989). Assisted assessment: A taxonomy of approaches and an outline of strengths and weaknesses. *Journal of Learning Disabilities, 22* (3), 151-165.

Campione, J., & Brown, A. L. (1987). Linking dynamic assessment with school achievement. In C. S. Lidz (Ed.), *Dynamic assessment: An interactional approach to evaluating learning potential* (pp. 82-115). New York: The Guilford Press.

Campione, J. C. & Brown, A. L. (1990). Guided learning and transfer: implications for approaches to assessment. In N. Fredericksen, R. Glasser, A. Lesgold & M. G. Shafto (Eds), *Diagnostic monitoring of skill and knowledge acquisition* (pp. 141-172). New Jersey: Lawrence Erlbaum Associates Publishers.

Carlson, J. S., & Wiedl, K. H. (1978). Use of testing – the – limits procedures in the assessment of intelectual capacibilities in children with learning difficulties. *American Journal of Mental Deficiency, 82* (6), 559-564.

Carlson, J. S., & Wiedl, K. (1992a). The dynamic assessment of intelligence. In H. C. Haywood & D. Tzuriel (Eds.), *Interative assessment* (pp. 167-186). New York: Springer-Verlag.

Carlson, J. S., & Wiedl, K. H. (1992b). Principles of dynamic assessment: the application of a specific model. *Learning and Individual Differences, 4* (2), 153-166.

Carneiro, E. G. P., & Ferreira, I. C. N. (1992). Avaliação da inteligência nas pesquisas brasileiras segundo diferentes modelos: a situação atual. *Arquivos Brasileiros de Psicologia, 44*(3-4), 157-194.

Ceneviva, M. S. A. G. (1985). *Interação professor aluno: Estudo descritivo das perguntas dos alunos em uma sala de aula de primeira série do primeiro grau*. Dissertação de Mestrado não publicada, Universidade de São Paulo, São Paulo.

Courage, M. L. (1989). Children's inquiry strategies in referential communication and in the game of twenty questions. *Child Development, 60*, 877-886.

Cunha, A. C. B (2004). *Avaliação cognitiva de criança com baixa visão leve por procedimento tradicional e asssitido e suas relações com comportamento e mediação materna*. Tese de Doutorado não publicada. Programa de Pós- Graduação em Psicologia, Universidade Federal do Espírito Santo, Vitória, ES.

Cunha, A. C. B., Enumo, S. R., & Pedroza, C. P. (2004). Será que o meu filho tem potencial de aprendizagem? Breve análise da relação entre avaliação cognitiva dinâmica da criança com deficiência visual e interacção mãe-criança. *Integrar* (Lisboa), *21*, 47-52.

Cunha, J. A., Freitas, N. K., & Raimundo, M. G. B. (1993). *Psicodiagnóstico – R*. Porto Alegre, Artes Médicas.

Das, J. P., & Naglieri, J. (1992). Assessment of attention, simultaneous-successive coding, and planning. In: H. C. Haywood & D. Tzuriel (Ed.), *Interactive assessment*. (pp. 207-232.). New York, Springer-Verlag.

Denney, N. W., Jones, F. W., & Krigel, S. H. (1979). Modifying the questioning strategies of young children and elderly adults with strategy - modeling techniques. *Human Development. 22*, 23-36.

Deutsch, R. (2003). Mediation from perspective of Mediated Learning Experience. *Journal of Cognitive Education and Psychology* [on line], *3*, 29-45. Disponível em: www.iacep.coged.org

Dias, T. L. (2004). *Criatividade em crianças com dificuldade de aprendizagem: Avaliação e intervenção através de procedimentos tradicional e assistido*. Tese de Doutorado não publicada, Programa de Pós-Graduação em Psicologia, Universidade Federal do Espírito Santo, Vitória, ES.

Dias, T. L., & Enumo, S. R. F. (2004). Avaliação dinâmica: Uma proposta alternativa e complementar de avaliação cognitiva em crianças com indicação de dificuldade de aprendizagem [Resumo completo]. In Associação Nacional de Pesquisa e Pós-Graduação em Educação (Org.), *Anais da 27ª Reunião Anual da ANPED* (17 pp.), Caxambú, MG: ANPED.

Dias, T.L., & Enumo, S.R.F. (no prelo). Criatividade em crianças com dificuldade de aprendizagem: Avaliação e intervenção através de procedimentos tradicional e assistido. *Psicologia: Teoria e Pesquisa*.

Dias, T. L., Enumo, S. R. F., Pereira, M. J. S. B., Rabbi, J. S., & Ribeiro, M. P. L. (2003). Desempenho acadêmico e cognitivo de alunos com indicação de dificuldade de aprendizagem: Uma análise após programa de intervenção [Resumo]. In Sociedade Brasileira de Psicologia (Org.), *Resumos de Comunicação Científica da XXXIII Reunião Anual da Sociedade Brasileira de Psicologia* (pp. 221-222). Belo Horizonte, MG: SBP.

Dias, T. L., Paula, K. M. P., Ferrão, E. S., & Enumo, S. R. F. (no prelo). Avaliação assistida: Contribuições a programas de intervenção para crianças com necessidades educativas especiais. In J. C. Alchieri & R. M. Cruz (Orgs.), *Avaliação psicológica no contexto iberoamericano*. São Paulo: Casa do Psicólogo.

Elliot, J., Lauchlan, F., & Stringer, P. (1996). Dynamic assessment and its potential for educational psychologists- Part 1- Theory and Practice. *Educational Psychology in Practice, 12* (3), 152-160.

Enumo, S. R. F. (2005a). Avaliação assistida para crianças com necessidades educativas especiais: Um recurso auxiliar na inclusão escolar. *Revista Brasileira de Educação Especial, 11* (3), 335-354.

Enumo, S. R. F. (2005b). Pesquisa e intervenção com crianças com necessidades educativas especiais: dificuldades e algumas soluções [Resumo completo]. In Programa de Pós-Graduação em Psicologia (Org.), *Simpósio*

Nacional de Psicologia Social e do Desenvolvimento, X Encontro Nacional PROCAD - Psicologia/CAPES. Violência e Desenvolvimento Humano: Textos Completos (pp. 149-167). Disponível em: http://www.simpsodes.pro.br

Enumo, S. R. F., & Batista, C. G. (2000). Evaluation of cognitive abilities of visually impaired children. In C. Stuen, A. Arditi, A. Horowitz, M. A. Lang, B. Rosenthal & K. R. Seidman (Eds.), *Vision rehabilitation: Assessment, intervention and outcomes* (pp. 379-381). New York, Swets & Zeitlinger Publishers.

Enumo, S. R. F., Batista, C. G., & Ferrão, E. S. (2005). Uma proposta de avaliação de aspectos do desenvolvimento cognitivo e acadêmico de crianças com Deficiência Visual. In S. R. F. Enumo, S. S. Queiroz & A. C. Ortega (Orgs.), *Desenvolvimento humano e aprendizagem: Temas contemporâneos* (pp. 45-78). Vitória: PPGP/UFES/CAPES; Linhares, ES: Unilinhares.

Enumo, S. R. F., Cunha, A. C. B., Paula, K. M. P., & Dias, T. L. (2002). Comportamentos do mediador e da criança com deficiência visual na avaliação assistida de habilidades cognitivas. *Temas em Psicologia, 10* (1), 71-84.

Enumo, S. R. F., Dias, T. L., Paula, K. M. P., Cunha, A. C. B., Ribeiro, M. P. L., Motta, A. B., & Ferrão, E. S. (2003). *Influências de variáveis mediadoras do desempenho cognitivo, lingüístico, matemático e criativo em intervenções e provas assistidas para crianças com necessidades educativas especiais* (Projeto de pesquisa CNPq 501014/2003-9). Vitória, ES: PPGP/UFES.

Escolano, A. C. M. (2000). *Avaliação cognitiva assistida em situação de resolução de problema na predição do desempenho escolar de crianças de primeira série do primeiro grau.* (pp.120). Dissertação de Mestrado não publicada, Faculdade de Filosofia, Ciências e Letras de Ribeirão Preto, Universidade de São Paulo, Ribeirão Preto, São Paulo.

Escolano, A. C. M. (2004). *Fatores de risco e mecanismos de proteção na trajetória de desenvolvimento de escolares de primeira à quarta série do ensino fundamental.* Tese de Doutorado não publicada (258 pp.), Faculdade de Filosofia, Ciências e Letras de Ribeirão Preto, Universidade de São Paulo, Ribeirão Preto, São Paulo.

Escolano, A. C. M., & Linhares, M. B. M. (2000). Avaliação cognitiva assistida em situação de resolução de problema na predição do desempenho escolar de crianças de primeira série do primeiro grau. In: Z. M. M. Biasoli-Alves (Org.), *III Seminário de Pesquisa* - Tomo II. (pp. 55-63). Ribeirão Preto: Programa de Pós-Graduação em Psicologia /FFCLRP.

Ferrão, E.S. (2005). *Fatores afetivo-motivacionais e comportamentais do desempenho de crianças em provas assistidas de habilidades cognitivas: Uma proposta de avaliação* (Projeto de pesquisa aprovado em Exame de Qualificação de Doutorado). Programa de Pós-Graduação em Psicologia da Universidade Federal do Espírito Santo, Vitória, ES: UFES.

Ferrão, E. S., Enumo, S. R. F., Linhares, M. B. M., Rodrigues, C. G., Maia, C. C., Sousa, G. P., Orlandi, E., Santos, R. F., & Paula, K. M. P. (2005), Avaliação de aspectos afetivo-motivacionais em provas cognitivas assistidas: construindo categorias comportamentais para crianças com necessidades especiais [Resumo]. In Sociedade Brasileira de Psicologia (Org.), *Resumos de Comunicações Científicasda XXXV Reunião Anual* (CD-ROM). Curitiba: SBP.

Ferriolli, S. H. T. (2000). *Indicadores de potencial cognitivo de crianças com queixa de dificuldade de aprendizagem, obtidos através da avaliação assistida.* Dissertação de Mestrado não publicada, Faculdade de Filosofia, Ciências e Letras de Ribeirão Preto – Universidade de São Paulo, Ribeirão Preto, São Paulo.

Ferriolli, S. T., Linhares, M. B. M., Loureiro, S. R.. & Marturano, E. M. (2001). Indicadores de potencial de aprendizagem obtidos através da avaliação assistida. *Psicologia: Reflexão e Crítica, 14* (1), 35-43. Feuerstein, R. (1979). *The dynamic assessment of retarded performers.* Baltimore: University Park Press.

Feuerstein, R., Rand, Y., Hoffman, M., & Miller, R. (1979). Cognitive modifiability in retarded adolescents: effects of instrumental enrichment. *American Journal of Mental Deficiency*, 83(6), 539-550.

Feuerstein, R., Rand, Y., Hoffman. M. B., & Miller, R. (1980). *Instrumental enrichment: an intervention program for cognitive modifiability*. Illinois, Scott, Foresman and Company.

Feuerstein, R.., Rand, Y., Jensen, M. R., Kaniel, S., & Tzuriel, D. (1987). Prerequisites for assessment of learning potential: the LPAD model. In: C. S. Lidz (Ed.), *Dynamic assessment*: an interactional approach to evaluating learning potential (pp. 35-51). London, Guilford Press.

Fonseca, V. (2001). *Cognição e aprendizagem: Abordagem neuropsicológica e psicopedagógica*. Lisboa: Âncora.

Fonseca, V., Cunha, A. C. B., & Enumo, S. R. F. (2002). O desenvolvimento cognitivo da criança com deficiência visual e suas perspectivas de avaliação: da abordagem padronizada à avaliação dinâmica. *Revista de Educação Especial e Reabilitação* (Lisboa), *9* (1-2), 75-91.

Gera, A. A. S. (2001). *Estratégias e perguntas de busca de informação na resolução de problemas em situação de avaliação assistida, de crianças encaminhadas com queixa de dificuldade de aprendizagem*. Dissertação de Mestrado não publicada. Faculdade de Filosofia, Ciências e Letras de Ribeirão Preto, Universidade de São Paulo.

Gera, A. A. S., & Linhares, M. B. M. (1998). Estratégias de perguntas de busca de informação na resolução de problemas em crianças com e sem queixa de dificuldade de aprendizagem [Resumo]. In Sociedade Brasileira de Psicologia (Org.), *Resumos de Comunicações da XXVIII Reunião Anual de Psicologia* (p. 126). Ribeirão Preto: SBP.

Gera, A. A. S. & Linhares, M. B. M. (2001). Estratégias de perguntas de busca de informação na resolução de problemas em situação de avaliação assistida de crianças encaminhadas com queixas de dificuldades de aprendizagem [Resumo]. In Pós-Graduação em Psicologia, FFCLRP – USP (Org.), *IV Seminário de Pesquisas, Pós-Graduação em Psicologia*, FFCLRP – USP – Tomo II. Artigos (pp. 251-266). Ribeirão Preto: USP-RP.

Guthke, J., & Wingenfel, S. (1992). The Learning Test concept: Origins, state of the art, and trends. In H. C. Haywood & D. Tzuriel (Eds.), *Interative assessment* (pp. 64-93). New York: Springer-Verlag.

Hamilton, J. L. & Budoff, M. (1974). Learning potential among the moderately and severely mentally retarded. *Mental Retardation*. Aug., 33-36.

Haywood, H. C., & Miller, M. B. (2003). Dynamic assessment of adults with traumatic brain injuries. *Journal of Cognitive Education and Psychology*, *3*, 137-163. Disponível em: www.iacep.coged.org

Haywood, H. C., & Tzuriel, D. (1992). (Ed.) *Interactive assessment*. New York, Springer-Verlag.

Haywood, H. C., & Tzuriel, D. (2002). Applications and challenges in dynamic assessment. *Peabody Journal of Education*, *77*(2), 40-63.

Haywood, H. C. & Wingenfeld, S. A. (1992). Interactive assessment as a research tool. *The Journal of Special Education*, *26*(3), 253-268.

Haywood, C. H., Tzuriel, D., & Vaught, S. (1992). Psychoeducational assessment from a transactional perspective. In C. H. Haywood & D. Tzuriel (Eds.), *Interative assessment* (pp. 33-63). New York: Springer-Verlag.

Houwie, A. M. (1975). Effects of brief exposure to symbolic model behavior on the information-processing strategies of internally and externally oriented children. *Developmental Psychology*, *11*, 325-333.

Jitendra, A. K., & Kameenui, E. J. (1993). Dynamic assessment as a compensatory assessment approach: a description and analysis. *Remedial and Special Education*, *14*(5), 6-18.

Leite, L. Orlandi, E., Motta, A. B., & Enumo, S. R. F (2004) Uma proposta de avaliação de habilidades cognitivas e lingüísticas e de intervenção psicológica de crianças com câncer. In Universidade Federal do Espírito Santo (Org.), *Cadernos de Resumos da XIV Jornada de Inciação Científica da UFES* (pp.63-64). Vitória, ES: UFES.

Lewin, Z. G. (1993). Uma incursão na zona de desenvolvimento proximal: o resgate da organização dialógica. *Psicologia: Teoria e Pesquisa, 9*(2), 387-400.

Lidz, C. S. (1987). *Dynamic assessment: An interactional approach to evaluating learning potential*. New York: The Guilford Press.

Lidz, C. S. (1991). *Practioner's guide to dynamic assessment*. New York: The Guilford Press.

Lidz, C. S. (1996). Dynamic assessment approaches. In: D. P. Flanagan, J. L. Genshaft & Harrison, P. L. (Eds.), *Contemporary intellectual assessment: Theories, tests, and issues* (pp. 281-296). New York: The Guilford Press.

Lidz, C. S., & Thomas, C. (1987). The preschool learning assessment device: extension of a static approach. In: C. S. Lidz (Ed.), *Dynamic assessment*: an interactional approach to evaluating learning potential. (pp. 288-326). New York, Guilford Press.

Linhares, M. B. M. (1991) Avaliação assistida: um procedimento de observação e análise do desempenho em situação de resolução de problemas [Resumo]. In Sociedade Brasileira de Psicologia (Org.), *Resumos da XXI Reunião Anual de Psicologia* (p.77). Ribeirão Preto. SBP.

Linhares, M. B. M. (1994). Avaliação assistida: eficiência e transferência de aprendizagem em crianças com queixa de fracasso escolar [Resumo]. In Sociedade Brasileira de Psicologia (Org.), *Resumos de Comunicações Científicas da XXIV Reunião Anual de Psicologia* (p. 283). Ribeirão Preto: SBP.

Linhares, M. B. M. (1995). Avaliação assistida: fundamentos, definição, características e implicações para a avaliação psicológica. *Psicologia: Teoria e Pesquisa, 11*(1), 23-31.

Linhares, M. B. M. (1996). Avaliação assistida em crianças com queixa de dificuldade de aprendizagem. *Temas em Psicologia, 4* (1), 17- 32.

Linhares, M. B. M. (1998). Avaliação assistida de crianças com queixa de dificuldade de aprendizagem: indicadores de eficiência e transferência de aprendizagem em situação de resolução de problemas. In A. W. Zuardi, E. M. Marturano, M. A. C. Figueiredo & S. R. Loureiro (Org.), *Estudos em Saúde Mental* (pp. 121–147). Ribeirão Preto: Comissão de Pós-graduação em Saúde Mental - FMRP/USP.

Linhares, M. B. M. (2000). Avaliação psicológica de aspectos cognitivos em crianças com queixa de dificuldade de aprendizagem. In: C. A. R. Funayama (Org.). *Problemas de aprendizagem: Enfoque multidisciplinar* (pp. 41-59). Campinas, Átomo.

Linhares, M. B. M., Santa Maria, M. R., Escolano, A. C. M., & Gera, A. A. S. (1998). Avaliação assistida: Uma abordagem promissora na avaliação cognitiva de crianças. *Temas em Psicologia*, 6(3), 231-254.

Lunt, I. (1993-1994). A prática da avaliação. In H. Daniels (Org.), *Vygotsky em foco: Pressupostos e desdobramentos* (M. S. Martins & E. J. Cestafari, Trad., pp. 219-252). Campinas: Papirus.

Meriag, J. S. (1987). The training of dynamic assessors. In C. S. Lidz (Org.), *Dynamic assessment: An interactional approach to evaluating potential* (pp. 403-425). New York: Guilford Press.

Miller, L., Gillam, R. B., & Peña, E. D. (2001). *Dynamic assessment and intervention: Improving children's narrative abilities*. Austin, Texas: Proed.

Motta, A. B., Enumo, S. R. F., Leite, L., Orlandi, E., Maia, C. C., Dias, T. L., & Rodrigues, M. M. P. (2005). Telling stories: A proposal of dynamic assessment of the narrative in children with cancer [Abstract]. In International Association for Cognitive Education and Psychology (Ed.), *Proceeding of Tenth Conference of the International Association for Cognitive Education and Psychology* (p. 88). Durham, UK: IACEP.

Orlandi, E., Ferrão, E. S., & Enumo, S. R. F. (2004). Uma proposta de avaliação de fatores não-intelectuais do desempenho de crianças com provas assistidas de habilidades cognitivas [Resumo]. In Universidade Federal do Espírito Santo (Org.), *Livro de Programa e Resumos da IV Jornada de Iniciação Científica da UFES* (p. 61). Vitória: UFES.

Orlandi, E., Motta, A. B., Enumo, S. R. L. & Rodrigues, M. M. P. (2004) Contar histórias: avaliação da narrativa por procedimento de avaliação assistida em pré-escolares [Resumo]. In Sociedade Brasileira para o Progresso da Ciência (Org.), *Anais Eletrônicos da 53ª Reunião Anual da SBCP.* Cuiabá, MT: SBPC.

Paour, J. (1992). Induction of logic structures in the mentally retarded: An assessment and intervention instrument. In H. C. Haywood & D. Tzuriel (Eds.), *Interative assessment* (pp. 119-166). New York: Springer-Verlag.

Paula, K. M. P. (2004). *Avaliação assistida: Análise de indicadores cognitivos, comportamentais e afetivo-motivacionais em crianças na situação de intervenção com sistema de comunicação alternativa.* Tese de Doutorado não publicada, Programa de Pós-Graduação em Psicologia, Universidade Federal do Espírito Santo, Vitória, ES.

Paula, K. M. P., & Enumo, S. R. F. (no prelo). Avaliação cognitiva assistida em crianças na situação de intervenção com sistemas de CAA. In L. R. O. P. Nunes, M. Pelosi & M. Gomes (Orgs.), *Retrato da comunicação alternativa no Brasil.* Rio de Janeiro: UERJ.

Paula, K.M.P., Enumo, S.R.F., & Maia, C. (2004). Acquisition and use of AAC in brazilian school context through the dynamic assessment [Abstract]. In International Society of Augmentative and Alternative Communication (Ed.), *XI Biennial Convention of International Society for Augmentative and Alternative Communication. Proceeding* (CD-ROM). Natal, RN: ISAAC.

Sánchez, M. D. (1987). *El potencial de aprendizaje un modelo y un sistema aplicado de evaluación.* España: Universidad de Murcia.

Santa Maria, M. R., & Linhares, M. B. M. (1999). Avaliação cognitiva assistida de crianças com indicações de dificuldades de aprendizagem escolar e deficiência mental leve. *Psicologia: Reflexão e Crítica, 12* (2), 395-417.

Swanson, H. L. (1995). Effects of dynamic testing on the classification of learning disabilities: the predictive and discriminant validity of the Swanson-Cognitive Processing Test (S-CPT). *Journal of Psychoeducational Assessment, 13,* 204-229.

Tzuriel, D. (2001). *Dynamic assessment of young children.* New York: Kluwer Academic/Plenum Publishers.

Tzuriel, D., & Klein, P. S. (1987). Assessing the young child: children's analogical thinking modifiability. In: C. S. Lidz. (Ed.), *Dynamic assessment: an interactional approach to evaluting learning potential* (pp. 268-287). London, Guilford Press.

Tzuriel, D., & Klein, P. S. (1990). *The Children's Analogical Thinking Modifiability Test: Instrucion manual.* Ramat-Gan: School of Education Bar Ilan University.

Tzuriel, D., & Shamir, A. (2002). The effect of mediation in computer assisted assessment. *Journal of Computer Assisted Learning, 18,* 21-32.

Utley, C. A., Haywood, H. C., & Masters, J. C. (1992). Policy implications of psychological assessment of minority children. In H. C. Haywood, & D. Tzuriel (Eds.), *Interative assessment* (pp. 445-469). New York: Springer-Verlag.

Vygotsky, L. S. (1991). *A formação social da mente: O desenvolvimento dos processos psicológicos superiores* ((4ª ed., J. C. Neto, L. S. M. Barreto & S. C. Afeche, Trads.). São Paulo, Martins Fontes. Trabalho original publicado em 1970.

Wiedl, K. H. (2003). Dynamic Testing: A comprehensive model and current fields of application. *Journal of Cognitive Education and Psychology* [online], *3,* 93-119. www.iacep.coged.org

-PARTE II-

Avaliação Cognitiva Assistida: Procedimentos de Avaliação

Nesta seção, serão apresentados três procedimentos de avaliação cognitiva assistida baseados na tarefa de resolução de problemas com perguntas de busca de informação e restrição de alternativas.

Jogo de Perguntas de Busca com Figuras Geométricas (PBFG)

Maria Beatriz Martins Linhares

O Jogo das Perguntas de Busca com Figuras Geométricas (Linhares, 1996) é constituído por:

a) vinte cartões medindo 10 X 50 cm, com oito figuras geométricas que variam quanto aos atributos de forma (quadrado, triângulo, círculo), de cor (amarela, azul, vermelha) e de tamanho (grande, pequeno);
b) blocos lógicos;
c) cartões brancos de 4 X 4 cm e de 8 X 8 cm;
d) protocolo de registro do desempenho no Jogo de Perguntas de Busca com Figuras Geométricas;
e) protocolo de registro das operações cognitivas e dos comportamentos apresentados na realização da avaliação assistida (Santa Maria, 1999).

A aplicação do Jogo de Perguntas de Busca com Figuras Geométricas pode ser feita em uma única sessão. O procedimento segue a abordagem de avaliação assistida em situação de resolução de problemas utilizando o método estruturado (Tzuriel & Klein, 1987; Campione & Brown, 1990; Linhares, 1995, 1998a, 1998b) que inclui as seguintes fases durante o processo de avaliação: Inicial sem ajuda (SAJ), Assistência (ASS) e Manutenção (MAN).

Fase Inicial Sem Ajuda (SAJ)

O objetivo desta fase é avaliar os indicadores de *desempenho cognitivo real ou de linha de base da criança na tarefa*. A criança recebe instruções iniciais padronizadas, sendo os quatro primeiros cartões trabalhados pela criança sem instruções adicionais de ajuda por parte da examinadora.

Primeiramente, verifica-se se a criança nomeia e reconhece os diferentes atributos das figuras geométricas dos cartões com as variações das dimensões de cor, forma e tamanho. Em seguida, dá-se a instrução inicial padronizada e um exemplo completo de perguntas de busca relevantes para a resolução da tarefa de descobrir determinada figura. Pede-se para a criança repetir o que compreendeu sobre as instruções dadas. As instruções são repetidas, no caso de a criança não ter compreendido o objetivo da tarefa.

Se a criança fizer as doze perguntas e não achar a solução apontando a figura-alvo, deve-se interrompê-la, indicar a solução e apresentar o próximo cartão. Se ela parar antes das doze perguntas, dizer apenas uma vez que ela pode continuar perguntando.

Entre a fase inicial sem ajuda e a fase de manutenção é repetida a instrução e fala-se para a criança que ela estava trabalhando bem.

Fase de Assistência (ASS)

O objetivo desta fase é avaliar os indicadores de *desempenho cognitivo potencial da criança sob condições de ajuda por parte da examinadora*.

Nos 12 cartões subseqüentes, a examinadora pode fornecer um suporte instrucional adicional, temporário e ajustável ao desempenho da criança, a fim de "otimizar" as condições de avaliação. A criança não tem mais o limite de 12 perguntas, podendo formular quantas forem necessárias para chegar a solução final da tarefa.

Nessa fase, são previstos cinco níveis de ajuda, de acordo com o gradiente de mediação de Santa Maria e Linhares (1999), sendo quatro níveis de ajuda verbal e um nível de ajuda concreta. Há um grau progressivo de assistência, podendo haver um processo cumulativo de um nível para outro. Os níveis de ajuda são os seguintes:

Nível 1 - *"Feedback" informativo*

Dá-se "feedback" sobre o desempenho da criança no uso da estratégia de perguntar e no seguimento da instrução inicial:

a) reforça-se quando a estratégia é *eficiente* com poder de restrição de alternativas e quando segue as instruções, ou seja, perguntar um atributo de cada vez, olhar mais de uma figura ao mesmo tempo ou fazer menos de doze perguntas.

b) indica-se o erro quando a estratégia é *ineficiente* sem poder de restrição de alternativas e quando não segue as instruções.

c) analisam-se as estratégias de perguntas de busca (relevantes, irrelevantes, repetidas ou incorretas) utilizadas pela criança.

Nível 2 - *Análise comparativa*

a) analisa-se comparativamente as figuras do cartão quanto a semelhanças e diferenças dos atributos (cor, forma e tamanho). Apontando determinadas figuras, pergunta-se:

b) salienta-se as diferenças e semelhanças dos atributos.

Nível 3 - *Exemplo de pergunta relevante*

Dá-se exemplo direto de perguntas relevantes de busca.

Nível 4 - *Uso de material concreto*

a) Cartões para exclusão: usam-se cartões em branco de 4 x 4 cm e de 8 x 8 cm para esconder os estímulos do cartão eliminado decorrentes das respostas da examinadora ou

b) Blocos lógicos: usam-se blocos de madeira de figuras geométricas (quadrado, triângulo, círculo), de diferentes cores (azul, vermelho, amarelo) e tamanho (grande, pequeno), como adicional concreto de memória para ajudar a concretizar o raciocínio de exclusão.

Nível 5 - *Demonstração de um exemplo*

Demonstra-se com autoverbalização da examinadora, falando alto para si um exemplo completo com pistas sobre estratégias de perguntas relevantes de busca com forte poder de restrição de alternativas.

No final da fase de assistência, suspende-se a ajuda informando à criança que agora ela é capaz de jogar sem ajuda. Menciona-se que ela estava trabalhando bem na tarefa e que se retornará à condição inicial.

Fase de Manutenção (MAN)

Nesta fase, avaliam-se os indicadores de desempenho cognitivo da criança *acerca da manutenção da aprendizagem das estratégias de resolução do problema, após a suspensão da ajuda da examinadora.*

Nos quatro últimos cartões, suspende-se a assistência e avalia-se o potencial de manutenção da aprendizagem em relação à utilização de estratégias de perguntas de busca de informação e raciocínio de exclusão para solucionar a tarefa.

O comportamento verbal na avaliação assistida deve ser gravado para posteriormente auxiliar e complementar o registro para análise. As perguntas da criança e as respostas da examinadora são anotadas na hora da aplicação em protocolo específico para que a examinadora se oriente durante a aplicação quanto ao raciocínio de exclusão de alternativas.

Em continuidade à avaliação do Jogo de Perguntas de Busca com Figuras Geométricas, pode ser utilizado em outra sessão o Jogo Cara a Cara da Estrela[2] com a finalidade de proceder a avaliação da transferência das estratégias de perguntas de busca de informação, extensivas da situação de avaliação anterior com o Jogo de Perguntas de Busca com Figuras Geométricas. Desta forma, pode se avançar além da fase de manutenção de aprendizagem, após a suspensão da assistência do examinador durante a resolução da tarefa. Ao jogar o Cara a Cara, pode se utilizar, primeiramente, um único tabuleiro em que a criança formula as questões e em seguida, na forma tradicional do jogo, utilizando os dois tabuleiros. Neste caso, alterna-se a formulação de perguntas da criança com a formulação de perguntas do examinador com respostas da criança.

---

[2] Manufatura de Brinquedos da Estrela AS. Fabricado sob licença da Hasbro, Inc. Pawtucket, Rhode Island, USA.

Jogo de Perguntas de Busca com Figuras Geométricas para Crianças com Deficiência Visual (PBFG-DV)[3]

Sônia Regina Fiorim Enumo
Cecilia Guarnieri Batista

O Jogo de Perguntas de Busca com Figuras Geométricas para Crianças com Deficiência Visual (PBFG-DV), (Enumo & Batista, 2000) é uma adaptação do jogo homônimo – Pergunta de Busca de Figuras Geométricas (PBFG), elaborado por Linhares (1996) e descrito anteriormente. A escolha do PBFG para essa população decorreu em parte da sua proposta de usar figuras geométricas básicas que permitem a elaboração de itens simples para a avaliação de formação de conceitos, pelo uso de raciocínio dedutivo de exclusão de alternativas, pois, com as figuras geométricas, pode-se variar dimensões de modo equivalente, arbitrário e relativamente independente da cultura. Foram necessárias algumas adaptações no material e na tarefa, considerando as características da população a que se destina, crianças com cegueira e baixa visão (ou visão subnormal), acima de 6 anos de idade.

Para uma melhor compreensão das características dessa população, serão apresentadas inicialmente algumas definições usadas nessa área.

Uma definição aceita de *cegueira e de visão residual* foi proposta por Lowelfeld em 1950, sendo adotada pela Organização Mundial de Saúde – OMS, em 1972, segundo Amiralian (1996): cegos são aqueles que apresentam acuidade visual de 0 a 20/200 (enxergam a 20 pés de distância aquilo que o sujeito de visão normal enxerga a 200 pés), no melhor olho, após correção máxima, ou que tenham um ângulo visual restrito a 20 graus de amplitude. A restrição do campo visual de túnel, também é considerada cegueira, independentemente da acuidade visual possuída pelo sujeito, porque qualquer visão nesta amplitude impede a apreensão do ambiente como um todo, uma das características fundamentais da percepção visual. São considerados indivíduos com visão residual aqueles que apresentam acuidade visual de 20/200 pés a 20/70 pés no melhor olho, após correção máxima (p. 6).

Já a visão subnormal (VSN) ou baixa visão é assim concebida por outros autores nacionais (Carvalho, Gasparetto, Venturini & Kara-José, 1992): é uma perda severa de visão que não pode ser corrigida por tratamento clínico ou cirúrgico nem com óculos convencionais. Também pode ser descrita como qualquer grau de enfraquecimento visual que cause incapacidade funcional e diminua o desempenho visual. No entanto, a capacidade funcional não está relacionada apenas aos fatores visuais, mas também às reações da pessoa à perda visual e aos fatores ambientais que interferem no desempenho (...) Muitas funções visuais podem estar comprometidas no indivíduo com visão subnormal, como acuidade visual, campo visual, adaptação à lua e ao escuro e percepção de cores, dependendo do tipo de patologia apresentada, isto é, do tipo de estrutura ocular que apresenta lesão. Entre as dificuldades existentes, incluem-se dificuldades de enxergar aquilo que está na área central de visão, visão 'embaçada', visão em túnel, etc. (...) É considerada normal a acuidade visual de 1,0 pela escala de Snellen. A pessoa com VSN enxerga menos que 0,3 mesmo com o uso de óculos (...) A equivalência entre as medidas de acuidade visual é a seguinte: 20/20 equivale a 1,0 (visão normal); 20/200 equivale a 0,1 (acuidade muito baixa, dentro da definição de cegueira legal) (pp. 13-15).

---

[3] Trabalho desenvolvido como parte da pesquisa de pós-doutorado da primeira autora, com bolsa de CAPES, sob orientação da segunda autora, em 1998, no Centro de Estudos e Pesquisas em Reabilitação "Prof. Dr. Gabriel de Oliveira Souxa Porto" (CEPRE), vinculado à Faculdade de Ciências Médicas da Universidade Estadual de Campinas (UNICAMP).

Em definição mais recente, Colenbrander (1999) diz que são considerados como casos de baixa visão aqueles em que a acuidade varia de 0,25 a 0,02 e/ou em que o campo visual é inferior a 30°; abaixo desses parâmetros os casos são considerados de "quase-cegueira", reservando-se o termo "cegueira total" para a ausência de percepção de luz e/ou de campo visual (a acuidade visual normal varia de 0,8 a 1,6 e o campo visual normal fica em torno de 60°).

Lembramos, com Groenvel e Jan (1992), que a maioria das crianças classificadas como "deficientes visuais" têm visão parcial ou subnormal, tendo necessidades diferentes das crianças cegas. Por esse motivo, para o PBFG-DV, foram elaborados dois conjuntos de pranchas: um para casos de baixa visão, com figuras bidimensionais em papel e outro adaptado para casos de cegueira legal. Entretanto, considerando a baixa freqüência de casos com cegueira total, a dificuldade que especialistas têm em precisar o grau de acuidade visual real de uma criança, e a possibilidade, ao longo do tempo e dependendo do caso clínico, de algumas crianças terem perda gradual da visão, o que foi constatado na aplicação feita com algumas crianças (Enumo, Batista, Ferrão & Ferreira, 2000), propõe-se que a adaptação do PBFG feita para crianças com cegueira legal, aqui descrita, possa ser utilizada para qualquer grau de deficiência visual, economizando-se material e tempo para sua elaboração.

A adaptação do PBFG se norteou pela premissa de que essas pessoas têm a mesma capacidade de processamento humano, de forma que o desafio metodológico está em tornar a informação acessível ao sujeito, o que pode ser feito, por exemplo, por meio do tato e da linguagem (Warren, 1994; Batista & Enumo, 2000). Procurou-se também utilizar um material agradável ao tato para a criança e atraente visualmente para o aplicador.

Antes da adaptação, buscou-se na literatura sobre DV como se costuma proceder nesses casos. Segundo Swallow (1981), a prática mais comum nessa área é a de modificar os procedimentos de testes usados com pessoas videntes, mesmo não se conhecendo claramente os efeitos dessa modificação. Segundo essa autora, as alterações podem ocorrer como:

a) mudanças no estímulo - substituição de objetos concretos por figuras simbólicas ou palavras; ampliação das figuras; transcrições para o braille ou com impressão maior; uso de circuito interno de TV-CCVT; leitura oral dos itens para o aluno;

b) mudanças nas respostas - apresentação dos itens na forma de múltipla escolha ou por respostas "sim" ou "não"; permitir o uso de gestos ou apontar; responder oralmente; respostas impressas ou em braille; estender o tempo permitido (regra geral).

Todas essas mudanças, entretanto, segundo Swallow (1981), invalidam os resultados de um instrumento formal, além do fato desses sujeitos não terem composto a população normativa na elaboração do teste. Nesse sentido, o instrumento não é válido, mas seus resultados podem *indicar* como o aluno funciona ou age sob condições específicas do teste. Isto não é muito diferente da tendência recente de flexibilização do procedimento de avaliação com qualquer criança, apresentando deficiências ou não.

Com essas considerações, foram feitas algumas adaptações no PBFG, que serão descritas a seguir. Houve a substituição de cores por texturas: as figuras originais em vermelho, amarelo e azul foram substituídas por papel sanfonado azul escuro, em material emborrachado liso amarelo e material emborrachado encrespado vermelho, respectivamente. O material emborrachado foi escolhido em detrimento de outros materiais ásperos, como lixas de diferentes espessuras ou muito macias, como algodão, dada sua consistência, durabilidade e maciez. Com essa alteração acima, consequentemente, a nomeação das figuras, para os casos de cegueira, teve que ser alterada: azul-sanfonado passou a ser "de ondinha"; o amarelo-liso foi chamado de "lisinho", e o vermelho-crespo foi chamado de "crespinho". Para os casos de baixa visão leve, é possível manter os nomes das cores, desde que a criança saiba nomeá-las.

Foi necessária a diminuição do número de figuras geométricas em cada prancha de oito para quatro. Esta alteração foi feita após aplicações com essa população com DV, em que se observou uma dificuldade em apreender o conjunto de oito figuras-estímulo em cada prancha. Tatear e memorizar oito figuras geométricas simultaneamente poderia manter o grau de dificuldade proposto pela prova original, mas, para crianças com DV, serviria apenas para mostrar que, num enfoque comparativo, essas crianças têm um desempenho rebaixado, confirmando falsas crenças a respeito de sua capacidade cognitiva (Warren, 1994).

Ferrell (1996) afirma que os atrasos no desenvolvimento surgem porque uma série de situações de aprendizagem depende da visão e ocorrem de forma incidental ou "natural" na criança vidente, e muitas vezes não acontecem nas crianças com deficiência visual. Na formação de conceito, por exemplo, o sentido visual tem um forte papel integrador: por exemplo, o conceito de gato depende da integração de sensações táteis, auditivas, olfativas e visuais. Entretanto, é a visão que leva à unificação das informações, favorecendo a formação do conceito (a criança toca a cabeça, o corpo e as pernas do gato, ouve seus miados e, ao mesmo tempo, está vendo a imagem do gato todo). Isso pode ser feito, de forma alternativa, por adultos que, ao conversar com a criança, apontam para os aspectos relevantes dos objetos a partir dos quais se formará o conceito.

De modo geral, em relação ao pensamento, a idéia é esta: é preciso prover formalmente, de maneira planejada, experiências que a criança vidente tem de modo informal, não planejado, quando inserida em um ambiente rico de experiências; condição esta que não ocorre à criança com baixa visão ou cega. Nesse sentido, se o objetivo da prova é identificar se a criança com DV tem as operações cognitivas e se é sensível às instruções e ao ensino durante a etapa assistida por um adulto, o número de itens ou figuras em cada prancha deveria ser adequado à apreensão do conjunto, mantendo-se as características básicas da tarefa cognitiva.

Adota-se o enfoque diferencial, o qual explica as diferenças *dentro de uma população* e não comparativamente com sujeitos videntes (Warren, 1994), recorrendo-se também a um delineamento de "sujeito ou caso único" (*single case experimental*), mais adequado a populações com necessidades educativas especiais, segundo Tawrey e Gast (1984). Para facilitar a apreensão do conjunto apresentado e das alternativas excluídas pela criança ao longo da prova, foi proposta a fixação de *cartões de exclusão* no verso de cada prancha, por meio de pequenos círculos de velcro, cobrindo, assim cada figura geométrica eliminada por perguntas de busca da criança. Foi, assim, incluído apoio tátil durante as instruções verbais da prova, para facilitar a compreensão do procedimento/tarefa a ser executada pela criança. Também visando a facilitar a tarefa, as figuras geométricas, usadas na fase de verificação e treino de pré-requisitos, foram confeccionados com o mesmo material utilizado nas pranchas. Para todas as pranchas e cartões, utilizou-se papel Triplex branco (400g), sem brilho, para dar mais contraste às figuras geométricas coladas.

Outras modificações foram necessárias em relação ao procedimento da prova e na seqüência dos níveis de ajuda propostos originalmente no PBFG. Neste, a ajuda concreta deve ser oferecida somente após esgotar as tentativas de ajuda verbal, interpretando-se que, neste caso, a criança tem muito mais dificuldade para resolver a tarefa do que aquela que necessita somente de ajuda verbal. Da mesma forma, ajudar a criança, durante a fase de assistência, analisando comparativamente as figuras da prancha quanto a semelhanças e diferenças de atributos (cor, forma, tamanho) é considerado um nível de ajuda maior do que fornecer *feedback* informativo. Para as crianças com DV, porém, esse procedimento e interpretação não são adequados, pois, logo ao ser proposta a tarefa, para sua compreensão, a criança deve explorar cada figura geométrica contida na prancha, com auxílio do examinador, para que identifique e memorize todas as figuras que estão na prancha, para depois elaborar as perguntas de busca. Durante todas as fases, ela poderá recorrer ao uso dos cartões de exclusão, que tampam as figuras excluídas, facilitando seu raciocínio, uma vez que somente a visão forneceria uma apreensão do conjunto de estímulos que deve ser considerado.

Foram mantidas algumas características do PBFG (Linhares, 1996), tais como:

a) o número de 20 pranchas;
b) o tamanho da figuras e das pranchas (15 x 50 cm), medidas também utilizadas em teste para portadores de paralisia cerebral, como o Teste de Maturidade Mental Columbia (Burgemeister, Blum & Lorge, 1999);

c) as figuras geométricas: quadrado, triângulo e círculo;
d) os tamanhos grande e pequeno;
e) as cores amarelo, azul e vermelho, no material tateável, considerando o que se disse anteriormente sobre a dificuldade em precisar a acuidade visual real de uma criança.

Assim, o PBFG-DV utiliza o seguinte material:
a) 2 conjuntos de 18 cartões cada, com 15 x 15 cm em papel Triplex branco, 400g, cada um com uma figura geométrica colada: quadrado, triângulo e círculo, nos tamanho grande e pequeno, nas três texturas: papel sanfonado azul, emborrachado liso amarelo e emborrachado crespo vermelho;
b) 20 pranchas de 15 x 50 cm, em papel Triplex branco 400g, com 4 figuras geométricas coladas horizontalmente em cada cartão, variando quanto à forma (quadrado, triângulo e círculo), ao tamanho (grande e pequeno) e à cor/textura: (azul/papel sanfonado azul escuro, amarelo/emborrachado amarelo liso, vermelho/emborrachado crespo vermelho). No verso de cada prancha, na direção de cada figura geométrica colada, há dois pequenos círculos de velcro colados, um em cada ponta, de forma a poder cobrir as figuras geométricas, fixando os cartões de exclusão. Há também uma prancha de exemplo, com as mesmas características, para mostrar o procedimento do jogo para a criança;
c) caixa de Blocos Lógicos, se possível com magneto, para fixação numa base de metal, evitando que as peças se espalhem pela mesa, perdendo-se a noção de conjunto, ou percam a posição de emparelhamento;
d) 4 cartões de exclusão, de 12 x 21 cm, em cartolina branca, com dois pequenos círculos de velcro colados no verso, para cobrir as figuras geométricas.

O procedimento é composto por duas tarefas básicas, a serem feitas pela criança:

1ª tarefa: formular verbalmente até 12 perguntas de busca de informação sobre as dimensões ou atributos de cada figura, frente a uma prancha, mencionando apenas um atributo (cor/textura, forma ou tamanho) de cada vez, de forma a descobrir qual foi a figura-alvo escolhida pelo aplicador, o que só pode responder Sim ou Não a cada pergunta feita pela criança;

2ª tarefa: eliminar alternativas com base nas respostas dadas pelo aplicador, falando ou apontando qual foi a figura previamente selecionada pelo aplicador, sem o conhecimento da criança. Em toda aplicação, a criança deve justificar suas respostas.

O PBFG-DV é também aplicado em 4 fases, durante uma sessão única, a qual deverá ser gravada em áudio, pelo menos, dada a dificuldade de manuseio do material por parte do examinador:
a) verificação de pré-requisitos (forma, cor/textura e tamanho) com cartões e Blocos Lógicos (este último se necessário) e prancha de exemplo.
b) fase sem ajuda (SAJ): 4 pranchas (nº 1 a 4)
c) fase de assistência (ASS): 12 pranchas (nº 5 a 16), com ajuda do examinador
d) fase de manutenção (MAN): 4 pranchas (nº 17 a 20), sem ajuda do examinador.

Como o procedimento de aplicação é semelhante ao adotado pelo PBFG, não será aqui detalhado, podendo ser consultado na parte a ele relacionado. A única alteração no procedimento, já descrita, refere-se à possibilidade da criança explorar cada figura geométrica contida na prancha (equivalente ao nível 2 de ajuda - *análise comparativa*), descrevendo seus atributos e comparando-se com as demais, como forma de identificação do conteúdo da prancha, antes de começar a perguntar. Assim, não seria considerado este nível de ajuda para crianças com cegueira ou baixa visão grave, uma vez que é só um pré-requisito para a prova ser aplicada.

Os níveis de ajuda também são semelhantes àqueles descritos para o PBFG, devendo ser mantidos para casos de baixa visão leve. Para casos de cegueira ou baixa visão grave, devem ser eliminados os níveis de ajuda nº 2 - análise comparativa e o nível 4 - *ajuda concreta*, por meio dos cartões de exclusão, por serem pré-requisitos para a criança apreender os estímulos e poder raciocinar. Neste caso, ficariam apenas o nível de ajuda 1 - *Feedback* informativo, o nível 3- Exemplo de pergunta relevante e o nível 4b - Blocos Lógicos. Batista (2000) propôs uma forma de avaliação qualitativa do tipo de ajuda dispensada pelo examinador na fase de assistência, adequada para situações de intervenção com caráter educacional e/ou clínico:

- **N**: ausência de orientação;
- **OI**: orientação indireta: perguntas e/ou indicações (apontar, aproximar, mostrar elementos pegando na mão etc.) que não contêm a resposta à tarefa em questão;
- **OD**: orientação direta (perguntas e/ou indicações que contêm a resposta esperada).

Da mesma forma, essa mesma autora também propõe, para situações de intervenção, uma forma qualitativa para classificar o desempenho do examinando ao longo da prova:

- **A**: quando acerta tudo, ou tem predomínio de acertos, desde o início da prova;
- **A1**: identificação por meio de perguntas relevantes;
- **A2**: identificação por meio do predomínio de perguntas relevantes, mescladas a perguntas complementares (poucas perguntas irrelevantes ou palpites errados);
- **A3**: identificação por meio de perguntas relevantes, mescladas a perguntas complementares, irrelevantes e palpites errados, em grande proporção; e
- **B**: acertos, ou predomínio de acertos, após os itens iniciais;
- **B1**: passa a identificar por meio de perguntas relevantes.

Jogo de Perguntas de Busca com Figuras Diversas (PBFD)

Maria Beatriz Martins Linhares
Adriana Aparecida Silvestre Gera

O Jogo de Perguntas de Busca com Figuras Diversas (Gera & Linhares, 1998) é constituído por 200 desenhos de figuras coloridas, organizadas em 25 arranjos de oito figuras cada. Essas figuras foram desenhadas[4] em cartões brancos de 5 x 5 cm, utilizando-se o programa de computador *Corel Draw 7.0*. As figuras variam em alguns atributos, conforme as seguintes possibilidades:

- **figuras geométricas**, variando em forma (triângulo, quadrado ou círculo), cor (azul, amarelo ou vermelho) e tamanho (grande ou pequeno);
- **flores**, variando em número de pétalas (três, cinco ou oito), tamanho da folha (pequena ou grande) e cor (amarela, vermelha ou rosa);
- **homens**, variando em cor do cabelo (preto, branco ou loiro), característica facial (barba, bigode ou sem os dois), chapéu (presente ou ausente), comprimento do cabelo (curto ou comprido) e óculos (presente ou ausente);
- **cachorros**, variando em posição do rabo (para cima ou para baixo), cor (malhado de branco e preto, marrom ou cinza), posição do cachorro (deitado, sentado ou em pé), posição da orelha (para cima ou para baixo) e língua (presente ou ausente);
- **sorvetes**, variando em cor (vermelho, verde ou marrom), número de bolas (uma, duas ou três) e biscoito (presente ou ausente);
- **meios de transportes**, variando em tipo (carro, barco ou avião), cor (verde, vermelho ou amarelo) e tamanho (pequeno ou grande);
- **casas**, variando em cor (verde, amarela ou vermelha), porta (aberta, fechada ou ausente), janela (presente ou ausente) e tamanho (pequena ou grande);
- **talheres**, variando em tipo (garfo, faca ou colher), cor (amarelo, vermelho ou azul), tamanho (pequeno ou grande) e posição (em pé ou deitado).

Faz parte ainda do Jogo de Perguntas de Busca com Figuras Diversas, os protocolos de registro:
a) do desempenho na tarefa;
b) das operações cognitivas envolvidas na resolução da tarefa (Santa Maria, 1999, adaptadas de Feuerstein et al., 1980);
c) do comportamento da criança em relação à tarefa (Santa Maria, 1999, adaptado de Machado, Figueiredo & Selegato, 1989).

A aplicação do Jogo de Perguntas de Busca com Figuras Diversas pode ser realizada em apenas uma sessão com a realização das fases Preliminar, Inicial sem ajuda, e Manutenção Imediata ou em duas sessões com a realização das fases Manutenção Posterior, Transferência Simples e Transferência Complexa na segunda sessão. As fases do procedimento de avaliação assistida devem ser realizadas da seguinte forma:

---

[4] Os desenhos do jogo de Peruntas de Busca com Figuras Diversas foram confeccionados por Maria Thereza Martins Bezera de Menezes.

Fase preliminar

O objetivo desta fase é familiarizar a criança à situação de avaliação e, ao mesmo tempo, testar o reconhecimento e a nomeação dos conceitos básicos envolvidos em cada tarefa. Inicialmente, apresenta-se à criança um arranjo formado por oito figuras geométricas, a fim de servir como exemplo. O atributo deste arranjo, que possui 50% de poder de restrição, é o tamanho. Em seguida, dá-se a instrução inicial padronizada.

Fase inicial sem ajuda

Esta fase tem por objetivo servir como uma linha de base, na qual avalia-se indicadores de *desempenho cognitivo ou de linha de base real* da criança na tarefa, isto é, seu desempenho quando trabalha sozinha de forma independente da examinadora. A criança recebe instruções iniciais padronizadas.

São apresentados para a criança quatro arranjos de oito figuras cada. Tais arranjos, em ordem de apresentação e com o atributo que garante 50% de poder de restrição, são os seguintes: figuras geométricas = tamanho; flores = tamanho da folha; homens = presença ou ausência do chapéu; e cachorros = posição da orelha.

Quando a criança não compreende o objetivo do jogo, repete-se as instruções, deixando-a resolver o arranjo do exemplo. Em seguida, é apresentado o primeiro arranjo de cartões dessa fase inicial sem ajuda.

Fase de assistência

A fase de assistência tem por objetivo avaliar os indicadores de desempenho cognitivo potencial da criança sob condições de ajuda mediada pela examinadora.

São apresentados à criança oito arranjos de oito figuras cada. Tais arranjos, em ordem de apresentação e com o atributo que garante 50% de poder de restrição, foram os seguintes: dois arranjos de figuras geométricas = tamanho; dois arranjos de flores = tamanho da folha; dois arranjos de homem = presença ou ausência de óculos, no primeiro, e comprimento do cabelo, no segundo e dois arranjos de cachorros = posição do rabo, no primeiro, e a presença ou ausência da língua, no segundo.

Com o intuito de "otimizar" as condições de avaliação, nesta fase deve ser fornecido pela examinadora um suporte instrucional adicional, temporário e ajustável ao desempenho do sujeito, de maneira a poder revelar indicadores de desempenho potencial e de autonomia em situações de resolução de problemas. Este suporte, denominado gradiente de mediação, é baseado no gradiente desenvolvido por Santa Maria & Linhares (1999) para o *Jogo de Perguntas de Busca com Figuras Geométricas*, sendo composto por cinco níveis de ajuda, regulados de acordo com a necessidade do indivíduo. Os níveis de ajuda são os seguintes:

Nível 1 – "*Feedback" informativo*

Consiste em dar *feedback* sobre o desempenho da criança no uso da estratégia de perguntar e no seguimento da instrução inicial:

a) reforça-se quando a estratégia é *eficiente* com poder de restrição de alternativas e quando segue as instruções de: perguntar um atributo de cada vez, olhar mais de uma figura ao mesmo tempo ou fazer menos de doze perguntas;

b) indicar o erro quando a estratégia é *ineficiente* sem poder de restrição de alternativas e quando não segue as instruções;

c) dar *feedback* analisando as estratégias de pergunta de busca (relevantes, irrelevantes, repetidas ou incorretas).

Nível 2 - *Análise comparativa*
a) analisar comparativamente as figuras do arranjo quanto a semelhanças e diferenças dos atributos;
b) salientar as diferenças e igualdades dos atributos;
c) salientar o que a criança já descobriu de informação acerca dos atributos da figura-alvo.

Nível 3 - *Exemplo de pergunta relevante*
Dar exemplo direto de perguntas relevantes de busca de informação.

Nível 4 - *Retirada dos cartões*
Retirar os cartões que compõem o arranjo do campo visual, após as respostas às questões relevantes formuladas.

Nível 5 - *Demonstração de um modelo do uso da estratégia de pergunta*
Demonstrar com auto-verbalização da examinadora, falando alto para si, um exemplo completo, perguntando e respondendo, associado com pistas sobre estratégias de perguntas relevantes de busca com forte poder de restrição de alternativas. O avanço para um nível superior de mediação não exclui a possibilidade de utilização de níveis anteriores, uma vez que esses podem ser cumulativos no processo de assistência do examinando pelo mediador.

Fase de manutenção imediata

Esta fase tem por objetivo avaliar o indicador de desempenho cognitivo da criança acerca da manutenção da aprendizagem das estratégias de pergunta de busca de informação, com raciocínio de exclusão de alternativas para solucionar a tarefa, após a suspensão da ajuda da examinadora. Esta fase ocorre imediatamente após a fase da assistência.

São apresentados à criança oito arranjos de oito figuras cada; os quatro primeiros são iguais e apresentados na mesma ordem que na fase inicial sem ajuda e os demais são novos.

Os quatro últimos em ordem de apresentação, e com o atributo que garante 50% de poder de restrição, são os seguintes: arranjos de figuras geométricas = tamanho; arranjo de flores = tamanho da folha; arranjo de homens = comprimento do cabelo; arranjo de cachorros = posição do rabo.

Para aquelas crianças que utilizaram a estratégia de manipular as figuras na fase anterior (nível 4 de mediação), é lembrado que, daquele momento em diante, elas teriam condições de voltar a trabalhar sem aquele tipo de ajuda.

Fase de manutenção posterior

Esta fase tem por objetivo avaliar indicadores de desempenho cognitivo da criança acerca da manutenção da aprendizagem das estratégias de pergunta de busca de informação, com raciocínio de exclusão para solucionar a tarefa, após um intervalo de uma semana. Os arranjos apresentados nesta fase são iguais aos da fase de Manutenção Imediata. Esta fase ocorre após uma semana da fase de manutenção imediata.

Fase de transferência simples

Esta fase tem por objetivo avaliar indicadores de generalização do desempenho da criança relativos às estratégias de busca para situação nova, similar e mais complexa do que das fases anteriores. Nesta fase são apresentados quatro arranjos que estão relacionados a seguir com o atributo que garante 50% de poder de restrição: arranjo de sorvetes = ausência ou presença de biscoito; arranjo de meios de transportes = tamanho; arranjos de casas = tamanho e a presença ou ausência de janela; arranjo de talheres = tamanho e a posição. Os dois últimos arranjos possuem uma complexidade maior, uma vez que possuem quatro atributos em vez de três, sendo que dois deles garantem 50% de poder de restrição das possibilidades.

Fase de transferência complexa

O objetivo desta fase é o de avaliar indicadores de generalização do desempenho da criança relativo às estratégias de pergunta de busca e verificar se ela consegue responder eficientemente às perguntas do mesmo tipo, tornando a situação mais complexa que a anterior. São utilizados os arranjos da fase de transferência simples e mais duas cópias de cada arranjo, totalizando três arranjos idênticos. Um é disposto à frente da criança, o segundo à frente da examinadora e o último é utilizado para sortear a figura alvo. A criança sorteia um cartão sem que a examinadora veja, o qual será usado como figura alvo da criança, em seguida, a examinadora sorteia um cartão, sem que a criança veja, o qual será a figura alvo da examinadora. Nesta fase, a criança e a examinadora devem alternadamente, formular perguntas para descobrir a figura alvo uma da outra.

Indicadores de Desempenho Cognitivo na Resolução dos Problemas de Pergunta de Busca - Tipos de Perguntas e de Soluções

Maria Beatriz Martins Linhares
Margaret Rose Santa Maria
Ângela Coletto Morales Escolano

Na análise da avaliação cognitiva assistida, tanto no Jogo de Perguntas de Busca com Figuras Geométricas quanto no Jogo de Perguntas de Busca com Figuras Diversas, é realizada uma categorização do desempenho da criança na resolução da tarefa por meio do sistema de classificação elaborado por Linhares (1991, 1996). Os indicadores de desempenho cognitivo analisados incluem: *a relevância das perguntas de busca* (pergunta relevante, irrelevante, repetida ou incorreta), *o número de perguntas de busca formuladas por cartão e as tentativas de solução realizadas* (corretas, incorretas ou corretas ao acaso).

Quanto à **relevância**, as perguntas de busca são classificadas em:

a) **Pergunta relevante** é a pergunta de busca que especifica um dos atributos de cor, forma ou tamanho com poder de restringir efetivamente alternativas e ajudar a descobrir a figura-alvo;

b) **Pergunta irrelevante** é a pergunta de busca que apresenta potência nula para eliminar alternativas, pois menciona atributo desnecessário para restringir possibilidades;

c) **Pergunta incorreta** pode ser:

   c.1) pergunta geral em desacordo com a instrução de que a pergunta deve mencionar uma alternativa específica de um dos três atributos (cor, forma ou tamanho) e de que essa só pode ser respondida com SIM ou NÃO;

   c.2) pergunta do tipo alternativa que menciona duas possibilidades de um mesmo atributo;

   c.3) dimensão inexistente;

   c.4) pergunta que menciona dois atributos simultaneamente;

d) **Pergunta repetida** é a pergunta de busca que apresenta potência nula em eliminar alternativas, pois repete exatamente uma mesma pergunta sobre determinado atributo já formulada anteriormente.

As **tentativas de solução** são classificadas em: *corretas, incorretas e corretas "ao acaso"*. A tentativa *"correta ao acaso"* pode ser: a) quando a criança soluciona a tarefa por ensaio e erro, sem utilizar perguntas de busca para exclusão de alternativas; ou b) quando a criança, após realizar algumas perguntas, arrisca uma resposta de solução mesmo não tendo informações suficientes para proceder à exclusão de alternativas.

Perfil de Desempenho Cognitivo

A análise da manutenção de aprendizagem é estimada com base nos seguintes indicadores de desempenho: relevância da pergunta e acerto na resolução da tarefa associado com a comparação de desempenho entre a fase inicial sem ajuda, em relação às fases de *assistência, manutenção - imediata e manutenção - posterior*, respectivamente. As crianças são classificadas em perfis de desempenho cognitivo, conforme proposto anteriormente por Hamilton e Budoff (1974) e definido operacionalmente por Escolano (2000). Os perfis de desempenho cognitivo, quanto à eficiência de aprendizagem na tarefa consistem em:

a) **Alto Escore (AE)**, crianças que apresentam estratégia eficiente de perguntas relevantes de busca na porcentagem de 70% ou mais e acertos na porcentagem de 75% ou mais já na fase inicial sem ajuda (SAJ), desde que apresentem pelo menos 60% de perguntas relevantes de busca e de acertos na fase de manutenção (MAN);

b) **Ganhador Mantenedor (GM)**, as crianças devem atender a duas condições:

b.1) melhoram ou mantêm o desempenho na fase de assistência (ASS) em relação à fase inicial sem ajuda (SAJ), em um nível de pelo menos 60% de perguntas relevantes de busca e de 50% de acertos e

b.2) mantêm o ganho no desempenho na fase de manutenção (MAN) em um nível de pelo menos 60% de perguntas relevantes de busca e 50% de acertos;

c) **Ganhador Dependente da Assistência (GDA)**, as crianças devem também atender a duas condições:

c.1) melhoram ou mantêm o desempenho na fase de assistência (ASS) em relação à fase inicial sem ajuda (SAJ), atingindo um nível de pelo menos 60% de perguntas relevantes de busca e de 50% de acertos e

c.2) não mantêm o ganho no desempenho na fase de manutenção (MAN), apresentando proporções de perguntas relevantes de busca inferiores a 60% e/ou de acertos inferiores a 50%;

d) **Não Ganhador (NG),** as crianças devem atender a uma de duas condições:

d.1) não melhoram o desempenho na fase de assistência (ASS) em relação à fase inicial sem ajuda (SAJ), no que se refere às proporções de perguntas relevantes de busca e/ou de acertos ou

d.2) melhoram o desempenho na fase de assistência (ASS), porém em um nível abaixo de 60% de perguntas relevantes de busca e/ou 50% de acertos e não mantêm essa melhora na fase de manutenção (MAN).

Transferência de Aprendizagem

Paralelamente à classificação de perfil de desempenho cognitivo quanto à eficiência de aprendizagem, no Jogo de Perguntas de Busca com Figuras Diversas, é realizada uma classificação a qual baseia-se na generalização ou não das estratégias de busca de informação para uma situação nova, similar e mais complexa do que as anteriores, apresentadas nas fases de transferência. A classificação de acordo com o sistema de categorias de Santa Maria (1999) consiste em:

a) **Transferidor**: crianças que apresentaram bom desempenho na fase de transferência em uma porcentagem de 60% de perguntas relevantes de busca e de 60% de acertos;

b) **Não Transferidor**: crianças que apresentaram desempenho inferior a 60% de perguntas relevantes de busca e inferior a 60% de acertos na fase de transferência.

Deve-se destacar que, no perfil de desempenho cognitivo a referência à categoria "não ganhador" ou "não transferidor" significa que a criança apresentou dificuldades no desempenho e no aproveitamento das instruções adicionais do examinador para manutenção e/ou transferência de aprendizagem circunscritas ao momento da avaliação. Essa terminologia adotada da literatura especializada da área de avaliação assistida não deve ser entendida como um rótulo, que repesente o fato de a criança não ter ganhos de aprendizagem no seu curso de desenvolvimento.

Operações Cognitivas e Comportamentos na Tarefa

As operações cognitivas utilizadas na resolução dos jogos PBFG e PBFD são observadas durante a sessão de avaliação assistida e registradas logo após o término da sessão pela examinadora que preenche o protocolo de registro de acordo com o sistema de categorias utilizado por Santa Maria (1999, adaptadas de Feuerstein et al., 1980). As diferentes categorias envolvem polaridades mutuamente exclusivas, que estão descritas a seguir:

a) **Conduta Reflexiva**: a criança reflete e analisa os estímulos após receber a instrução (antes de dar a resposta) ou **Conduta Impulsiva**: a) a criança responde prontamente sem refletir, sem analisar os estímulos após receber a instrução da examinadora; b) a criança apresenta impulsividade na conduta, falta de controle: não espera o término da instrução e já verbaliza a resposta; c) a criança apresenta descontrole da conduta motora, falta de inibição motora.

b) **Percepção Clara**: a criança capta os dados/as instruções com clareza ou **Percepção Confusa**: a criança demonstra percepção confusa, difusa, hesitante na captação dos dados/das instruções.

c) **Percepção Integrativa**: a criança consegue perceber de forma a integrar/relacionar as informações ou **Percepção Episódica**: a criança demonstra percepção episódica na captação dos estímulos; faltam-lhes os princípios mínimos de coerência e organização, não há princípio básico de orientação; a percepção parece fragmentada e com falta total de integração e articulação das partes.

d) **Conduta Comparativa**: a criança identifica alternativas e as analisa comparativamente ou **Conduta Não-Comparativa**: a criança apresenta dificuldade ou falta de conduta comparativa, na análise das alternativas disponíveis.

e) **Identificação de Relevância**: a criança distingue os dados relevantes dos irrelevantes em um problema de perguntas de busca ou **Dificuldade de Identificação de Relevância**: a criança apresenta dificuldade para distinguir os dados relevantes em um problema de perguntas de busca, atendo-se a aspectos insignificantes e deixando de lado os mais fundamentais, carecendo de estruturação mínima exigida pela tarefa.

f) **Encadeamento Lógico das Questões**: a criança muda o atributo (cor, forma ou tamanho) envolvido na questão após ter esgotado todas as possibilidades de questões relevantes sobre as dimensões de determinado atributo ou **Circularidade das Questões**: a criança pergunta sobre a mesma dimensão várias vezes, não processa, não leva em conta as respostas anteriores para formular questões, se fixa circulando em um atributo.

g) **Autocorreção**: a criança realiza auto-correção, modificando respostas incorretas previamente dadas ou **Ausência de Auto-correção**: a criança não realiza auto-correção, não modifica as respostas incorretas previamente dadas.

h) **Generalização**: a criança transfere o aprendizado para problemas novos e similares ou **Ausência de Generalização**: a generalização da aprendizagem não ocorre, a criança não transfere o aprendizado para problemas novos e similares.

i) **Comunicação Precisa**: a criança menciona especificamente os atributos dos estímulos descrevendo-os corretamente ou **Comunicação Imprecisa**: a criança não menciona precisamente os atributos dos estímulos, não descreve-os precisamente, demonstrando pobreza do vocabulário.

As diferentes categorias de operações cognitivas incluem duas tendências mutuamente exclusivas, as quais estão relacionadas no quadro abaixo. Os índices de acordo entre dois observadores treinados estabelecidos por Santa Maria (1999) para as categorias de avaliação das operações cognitivas, em cinco sessões, respectivamente, foram de: 90%, 95%, 100%, 100% e 100%.

Os **comportamentos** orientados para a tarefa, apresentados pela criança durante a realização dos jogos PBFG e PBFD, são observados e registrados ao término da sessão em protocolo específico, segundo as categorias de dupla polaridade definida por Santa Maria (1999), baseadas na escala de Machado et al. (1989). Os comportamentos foram agrupados em cinco blocos e os itens foram avaliados de forma mutuamente exclusiva, conforme a descrição abaixo:

a) **Disciplina**: Sossegado x Inquieto; Relaxado x Tenso;

b) **Socialização**: Participativo x Retraído;

c) **Participação**: Interessado x Desinteressado; Concentração x Dispersão;

d) **Método de trabalho**: Orientado x Confuso; Persistente x Não Persistente; Cuidadoso x Descuidado;

e) **Ritmo de trabalho**: Disposição x Cansaço; Rápido x Lento.

Para a análise das operações cognitivas utilizadas na solução do problema e aos comportamentos apresentados durante a realização da tarefa, é realizada uma contagem dos itens positivos dos mesmos em cada uma das fases do Jogo de Perguntas de Busca com Figuras Geométricas ou do Jogo de Perguntas de Busca com Figuras Diversas.

Os índices de acordo entre dois observadores treinados definidos por Santa Maria (1999) para as categorias de observação do comportamento geral da criança em relação à tarefa, em cinco sessões, respectivamente, foram de: 93%, 97%, 100%, 100% e 100%.

Referências Bibliográficas

Amiralian, M. L. T. M. (1986). *Psicologia do Excepcional*. São Paulo: EPU.

Batista, C. G. (2000). Avaliação assistida do desenvolvimento de crianças com visual. *Anais do VIII Simpósio de Pesquisa e Pós-Graduação da ANPEPP* (pp. 34-35). Serra Negra, SP: ANPEPP.

Batista, C. G., & Enumo, S. R. F. (2000). Desenvolvimento Humano e Impedimentos de origem orgânica: o caso da Deficiência Visual. In: M. C. S. Menandro & H. A. Novo (Orgs.) *Olhares diversos: Estudando o Desenvolvimento Humano* (pp. 153-169). Vitória/ES: Programa de Pós-Graduação em Psicologia/UFES; PROIN/CAPES.

Burgemeister, B. B., Blum, L. H. & LOrge, I. (1999). Escala de Maturidade Mental Columbia – Manual de Aplicação (A. Rodrigues & J. M. P. Rocha, adaptação). Rio de Janeiro: CEPA.

Campione, J. C. & Brown, A. L. (1990). Guided learning and transfer: implications for approaches to assessment. In: N. Fredericksen; R. Glasser; A. Lesgold & M. G. Shafto (Orgs.), *Diagnostic monitoring of skill and knowledge acquisition* (pp. 141-172). New Jersey: Lawrence Erlbaum Associates Publishers.

Carvalho, K. M. M., Gasparetto, M. E. F., Venturini, N. H. B., & Kara-José, N. (1992). *Visão subnormal: Orientações ao professor do ensino regular*. Campinas, SP: Editora da Unicamp.

Colenbrander, A. (1999). *Guide for the evaluation of visual impairment of International Society for Low Vision Research and Rehabilitation* (ISLRR). EUA: Pacific Vision Foundation.

Enumo, S. R. F., & Batista, C. G. (2000). Evaluation of cognitive abilities of visually impaired children. In: C. Stuen, A. Arditi, A. Horowitz, M. A. Lang, B. Rosenthal & K. R. Seidman, (Eds.), *Vision Rehabilitation: assessment, intervention and outcomes* (pp. 379-381). New York, USA: Swets & Zeitlinger Publishers.

Enumo, S. R. F., Batista, C. G., Ferrão, E. S., & Ferreira, B. E. S. (2000, Julho). Habilidades cognitivas em crianças com Deficiência Visual: análise de uma proposta de avaliação. *Anais Eletrônicos da 52ª Reunião Anual da SBPC-* Brasília/DF: SBPC.

Escolano, A. C. M. (2000). *Avaliação cognitiva assistida em situação de resolução de problema na predição do desempenho escolar de crianças de primeira série do primeiro grau.* (pp.120). Dissertação de Mestrado não publicada, Faculdade de Filosofia, Ciências e Letras de Ribeirão Preto, Universidade de São Paulo, Ribeirão Preto, SP.

Ferrell, K. A. (1996). Your child's development. In: M. C. Holbrook (Ed.), *Children with visual impairments: A parents' guide* (pp. 73-96). The Special-Needs Collection. EUA: Woodbine House.

Feuerstein, R., Rand, Y.; Hoffman. M. B. & Miller, R. (1980). *Instrumental enrichment - an intervention program for cognitive modifiability*. Illinois: Scott, Foresman and Company.

Gera, A. A. S., & Linhares, M. B. M. (1998). Estratégias de perguntas de busca de informação na resolução de problemas em crianças com e sem queixa de dificuldade de aprendizagem. In: *Resumos da XXVIII Reunião Anual de Psicologia* (pp. 126)., *Ribeirão Preto:* Sociedade Brasileira de Psicologia.

Groenvel, M., & Jan, J. E. (1992). Intelligence profiles of low vision and blind children. *Journal of Visual Impairment & Blindness, 86* (1), 68-71.

Hamilton, J. L. & Budoff, M. (1974). Learning potential among the moderately and severely mentally retarded. *Mental Retardation. Aug.,* 33-36.

Linhares, M. B. M. (1991). Avaliação assistida; um procedimento de observação e análise do desempenho em situação de resolução de problemas. In: Sociedade Brasileira de Psicologia (Org.), *Resumos de Comunicações Cientificas, XXI Reunião Anual de Psicologia,* (p. 77). Ribeirão Preto: SBP.

Linhares, M. B. M. (1995). Avaliação assistida: fundamentos, definição, características e implicações para a avaliação psicológica. *Psicologia: Teoria e Pesquisa. 11* (1), 23-31.

Linhares, M. B. M. (1996). Avaliação assistida em crianças com queixa de dificuldade de aprendizagem. *Temas em Psicologia. 4* (1), 17-32.

Linhares, M. B. M. (1998a). Avaliação assistida de crianças com queixa de dificuldade de aprendizagem: indicadores de eficiência e transferência de aprendizagem em situação de resolução de problema. Em A. W. Zuardi, E. M. Marturano, M. A. C. Figueiredo & S. R. Loureiro (Orgs). *Estudos em Saúde Mental.* (pp. 121-147). Ribeirão Preto: Comissão de Pós Graduação em Saúde Mental da Faculdade de Medicina Ribeirão Preto - USP.

Linhares, M. B. M. (1998b). Avaliação psicológica de aspectos cognitivos em crianças com queixa de dificuldade de aprendizagem. Em C. A. R. Funayama (Org.), *Problemas de aprendizagem: enfoque multidisciplinar.* (pp. 41-59). Ribeirão Preto: Legis Summa.

Machado, V. L. S.; Figueiredo, M. A. C. & Selegato, M. V. (1989). Caracterização do comportamento de alunos, em sala de aula, através de escalas de desempenho. *Estudos de Psicologia,* 6(1), 50-76.

Santa Maria, M. R. (1999). *Avaliação cognitiva assistida de crianças com indicação de dificuldade de aprendizagem escolar e deficiência mental.* Dissertação de Mestrado da Faculdade de Medicina de Ribeirão Preto - Universidade de São Paulo, Ribeirão Preto, SP.

Santa Maria, M. R. & Linhares, M. B. M. (1999). Avaliação cognitiva assistida de crianças com indicação de dificuldade de aprendizagem escolar e deficiência mental. *Psicologia: Reflexão e Crítica. 12* (2), 395-417.

Swallow, R. M. (1981). Fifty Assessment Instruments Commonly Used with Blind and Partially Seeing Individuals. *Visual Impairment and Blindness, 71,* 65-72.

Tawrey, J. W., Gast, D. L. (1984). *Single subject research in Special Education.* Columus, Ohio: Charles E. Merril Publishing Company.

Tzuriel, D. & Klein, P. S. (1987). Assessing the young child: children's analogical thinking modifiability. In: C. S. Lidz (Ed.), *Dynamic assessment: an interactional approach to evaluting learning potential.* (pp. 268-287). London: Guilford Press.

Warren, D. H. (1994). *Blindness and children: an individual differences approach.* E.U.A.: Cambridge University Press.

-PARTE III-

Avaliação Assistida: Resultados de Pesquisas Brasileiras

Nesta parte serão apresentados os resultados de um conjunto de pesquisas brasileiras desenvolvidas na área de avaliação assistida, especificando-se os objetivos, métodos, resultados e discussão.

-Capítulo I-

Avaliação Assistida de Crianças com Indicações de Dificuldades de Aprendizagem Escolar e Deficiência Mental Leve[5]

Margaret Rose Santa Maria
Maria Beatriz Martins Linhares

Objetivo

Considerando-se:

a) a necessidade de proceder a avaliação cognitiva de crianças encaminhadas com suspeita de dificuldade de aprendizagem a serviços públicos de saúde mental;

b) a necessidade de um conhecimento mais específico acerca do funcionamento cognitivo das crianças dessa clientela que são classificadas como deficientes mentais leve pela avaliação psicométrica tradicional e,

c) as contribuições advindas de avaliações dinâmicas interativas com assistência no processo de avaliação cognitiva da criança.

Realizamos o presente trabalho que teve por objetivo avaliar aspectos do funcionamento cognitivo, com uma abordagem de avaliação assistida, de crianças com queixa de dificuldade de aprendizagem escolar encaminhadas para atendimento psicológico e classificadas como deficiente mental leve por meio de teste psicométrico.

Este estudo faz parte da pesquisa mais ampla desenvolvida por Santa Maria (1999).

Método

Participantes

Foram avaliadas 29 crianças de 8 a 11 anos (Med = 10 anos), com queixa de dificuldade de aprendizagem escolar, encaminhadas principalmente por profissionais da área da saúde a dois Ambulatórios de Psicologia Infantil. As crianças apresentavam nível intelectual correspondente à deficiência mental leve segundo avaliação do Columbia (Med = 63). As crianças freqüentavam entre a primeira e terceira série escolar, sendo que duas crianças encontravam-se em classe especial, e os pais tinham predominantemente nível de escolaridade de primeiro grau (Med = quarta série). Todos os participantes apresentavam dificuldades significativas em escrita, leitura e/ou aritmética (Med = Inferior), de acordo com o Teste de Desempenho Escolar, que mede o desempenho em habilidades acadêmicas.

---

[5] Este capítulo baseia-se na Dissertação de mestrado da primeira autora com orientação da segunda, junto ao Programa de Pós-Graduação em Saúde Mental da FMRP-USP, com subvenção da FAPESP. Artigo publicado na íntegra no periódico *Psicologia: Reflexão e Crítica*. 12 (2), 395-417, 1999. Porto Alegre. As autoras agradecem a autorização da Editora pela autorização de reprodução.

Material

Foram utilizados os seguintes materiais: Teste de Modificabilidade do Pensamento Analógico em Crianças (Catm, Tzuriel & Klein, 1985), Jogo de Perguntas de Busca com Figuras Geométricas (PBFG, Linhares, 1991; 1998), Cara a Cara da Estrela, Escala de Maturidade Mental Columbia (Burgeimester, Blum & Lorge, 1999) com padronização brasileira de Xavier e Jacquemin (s.d.), 16 cartões em branco, Blocos lógicos, Teste de Desempenho Escolar (TDE) (Stein, 1994). Foram também utilizados protocolos de observação para o registro dos comportamentos verbal e motor, gravador, fitas cassete e cronômetro.

Procedimento

Seleção dos Participantes

Primeiramente, foi realizada uma consulta à lista de crianças que aguardavam atendimento no Ambulatório de Psicologia Infantil do Hospital das Clínicas de Ribeirão Preto e no Serviço de Apoio Psicopedagógico da Prefeitura Municipal de Ribeirão Preto, sendo selecionadas aquelas que atendiam aos seguintes critérios: apresentar queixa de dificuldade de aprendizagem escolar; ter sido encaminhada por referência de profissionais da Saúde ou da Educação, ter entre oito e onze anos, estar cursando da primeira a terceira série e não ter indicação de problemas graves neurológico, psiquiátrico ou genético. Em segundo lugar, era aplicado o Columbia, a fim de selecionar apenas aquelas crianças que obtivessem classificação de deficiência mental leve (QI entre 50 e 69).

Coleta de dados

O procedimento de coleta de dados seguiu a abordagem de avaliação assistida em situação de resolução de problemas utilizando o método estruturado (Tzuriel & Klein, 1987; Campione & Brown, 1990; Linhares, 1991, 1998) que inclui as seguintes fases durante o processo de avaliação: preliminar, inicial sem ajuda (SAJ), assistência (ASS), manutenção (MAN) e transferência (TR), que pode ser no PBFG transferência simples (TRS) ou complexa (TRC). *As descrições das fases encontram-se na parte II deste livro.*

A coleta de dados foi realizada em quatro sessões, na seguinte ordem de realização:

a) CATM (Parte I - fase preliminar, inicial sem ajuda, assistência e manutenção);
b) CATM (Parte II - fase de transferência);
c) PBFG (fase inicial sem ajuda, assistência e manutenção);
d) Cara a Cara (fase de transferência).

Na fase de assistência foram utilizados níveis de ajuda respectivamente em cada tarefa. No CATM foram estabelecidos quatro níveis de ajuda:

nível 1 - repetição da instrução inicial;

nível 2 - instrução analítica e *feedback* analítico;

nível 3 - regra de transformação e *feedback* de transformação;

nível 4 - demonstração com ajuda total da examinadora.

No PBFG foram previstos dois tipos de ajuda: verbal e concreta. Na ajuda verbal foram estabelecidos quatro níveis, a saber:

nível 1 - *feedback* informativo;

nível 2 - análise comparativa dos estímulos;

nível 3 - exemplo de pergunta relevante;

nível 4- demonstração de um exemplo de solução pela examinadora. *As definições e exemplos encontram-se na parte II deste livro*. O comportamento verbal foi gravado e o comportamento motor e as respostas de solução foram registradas em protocolo de anotação do desempenho da criança.

Análise dos Dados

Procedeu-se à transcrição dos dados combinando as verbalizações da criança, as soluções dos problemas e o nível de ajuda recebido em cada cartão das tarefas realizadas. Na análise do CATM foram verificados os acertos obtidos pelos números de cartões em cada fase, considerando-se como acerto total - acertos dos três atributos (cor, forma e tamanho), acerto parcial, acertos de um ou dois dos atributos e nada, nenhum acerto.

No PBFG e no Cara a Cara, que tratam de tarefas verbais, foi realizada uma categorização do desempenho, por meio do sistema de classificação elaborado por Linhares (1998): relevância da pergunta de busca (relevante, irrelevante, repetida ou incorreta); número médio de perguntas de busca por cartão e tentativas de solução (corretas, incorretas ou corretas ao acaso). A análise quanto ao tipo de mediação utilizado na fase ASS foi realizada em dois níveis: primeiro, verificou-se se houve necessidade de ajuda, que tipo de ajuda que a criança necessitou, se verbal ou concreta, e segundo, verificou-se qual o tipo de ajuda verbal foi necessária.

Com base na análise dos indicadores de desempenho em cada tarefa, foi realizada uma análise comparativa das estratégias de solução, de cada participante, apresentadas na fase SAJ em relação às fases ASS, MAN e TR, respectivamente. Objetivou-se verificar se no processo de avaliação, a criança revela um desempenho melhor sob condição de assistência em relação à fase inicial, se há manutenção desse desempenho e se ocorre generalização das estratégias de solução para situação nova e similar. Para a verificação da significância das comparações entre as fases foi utilizada a Prova de *Wilcoxon*.

Finalmente, procedeu-se à análise dos perfis de desempenho definidos segundo estudos de Hamilton e Budoff (1974), Escolano e Linhares (1998), a saber: alto-escore, crianças que apresentam estratégia eficiente de perguntas relevantes de busca ou relações analógicas eficientes para a solução das respectivas tarefas na proporção de 0,70 ou mais e acertos na proporção de 0,75 ou mais já na fase inicial sem ajuda em PBFG e CATM, desde que apresente pelo menos 0,60 de perguntas relevantes de busca e de acertos na fase de manutenção; ganhador, crianças que melhoram o desempenho com a assistência e o mantém após a suspensão da ajuda da examinadora em um nível de pelo menos 0,50 de acertos no CATM; ganhador mantenedor, crianças que melhoram ou mantêm o desempenho na fase de assistência em relação à fase inicial sem ajuda, em um nível de pelo menos 0,60 de perguntas relevantes de busca e de 0,50 de acertos e mantém o ganho no desempenho na fase de manutenção em um nível de pelo menos 0,60 de perguntas relevantes de busca e de 0,50 de acertos no PBFG; ganhador dependente da assistência, crianças que melhoram ou mantêm o desempenho na fase de assistência em relação à fase inicial sem ajuda, atingindo um nível de pelo menos 0,60 de perguntas relevantes de busca e de 0,50 de acertos e não mantém o ganho no desempenho na fase de manutenção, apresentando proporções de perguntas relevantes de busca inferiores a 0,60 e/ou de acertos inferiores a 0,50 no PBFG; não-ganhador, crianças que não melhoram o desempenho na fase de assistência em relação à fase inicial sem ajuda, no que se refere às proporções de perguntas relevantes de busca e/ou de acertos para o PBFG ou melhoram o desempenho na fase de assistência, porém em um nível abaixo de 0,60 de perguntas relevantes de busca e/ou 0,50 de acertos e não mantêm essa melhora na fase de manutenção do PBFG e CATM; e transferidor, crianças que apresentam bom desempenho na fase de transferência em um nível de 0,60 de perguntas relevantes de busca e 0,60 de acertos para PBFG e CATM.

Resultados

A Tabela 1 apresenta a proporção de acertos na resolução do CATM, nas fases SAJ, MAN e TR e as comparações entre essas. A fase de ASS não foi incluída, pois os participantes receberam ajuda até chegarem à resolução correta em todos os cartões.

Tabela 1 - Proporção de acertos obtidos nos cartões de cada fase do CATM - Mediana (Md), Amplitude de Variação (AV) e Comparações entre as Fases (N = 29).

Acertos obtidos nos cartões de cada fase do CATM	Fases						Comparações* (p)	
	SAJ		MAN		TR		SAJ MAN	SAJ TR
	Md	AV	Md	AV	Md	AV		
Total	0,33	0,00 – 0,83	0,67	0,00 – 1,00	0,40	0 – 1,00	0,001*	0,001*
Parcial	0,67	0,17 – 1,00	0,33	0,00 – 1,00	0,60	0 – 1,00	0,001*	0,100
Nenhum	0,00	0,00 – 0,50	0,00	0,00 – 0,33	0,00	0	0,080	0,009*

* teste de Wilcoxon ($p \leq 0,05$)

Na Tabela 1 pode-se observar que na fase SAJ, considerando os acertos obtidos por cartões, ocorreu maior proporção de acertos parciais, de um ou dois atributos apenas. Na fase MAN, após a assistência, ocorreu uma inversão em relação à fase SAJ, pois a proporção de acertos totais, envolvendo os três atributos, aumentou e a de acertos parciais diminuiu significativamente. Na fase TR embora tenha ocorrido um retorno à maior proporção de acertos parciais em relação aos acertos totais, foi mantida a diferença significativa entre a fase TR e a fase SAJ, particularmente para os acertos totais, não sendo mantido o mesmo para os acertos parciais. Nas três fases os erros totais (nada) ocorreram em número bem reduzido próximo de zero.

A Tabela 2 apresenta o número de cartões de acordo com o número de tentativas de solução na fase ASS do CATM.

Tabela 2 - Número de cartões de acordo com o número de tentativas de solução na fase de assistência do CATM

Participantes	Tentativas		
	1ª	2ª e 3ª	4ª e 5ª
A	2	7	1
B	3	6	1
C	7	2	1
D	4	6	0
E	4	5	1
F	3	6	1
G	4	4	2
H	2	7	1
I	6	3	1
J	1	8	1
L	3	6	1
M	4	5	1
N	8	2	0
O	6	4	0
P	9	0	1
Q	6	4	0
R	8	2	0
S	6	2	2
T	4	3	3
U	8	1	1
V	4	5	1
X	6	4	0
Z	10	0	0
W	7	2	1
Y	4	5	1
K	4	4	2
@	1	8	1
&	8	2	0
$	5	4	1

Número de cartões = 10

Observa-se na Tabela 2 que os participantes utilizaram de uma a cinco tentativas para solucionar cada um dos dez cartões do CATM na fase ASS. Pode-se notar de modo geral que treze participantes conseguiram resolver a maior parte dos cartões (seis a dez), logo na primeira tentativa; porém para a maioria dos participantes houve a necessidade de duas ou mais tentativas para chegarem à solução final correta na maior parte dos cartões. Vinte e um participantes necessitaram de quatro a cinco tentativas para a resolução, porém em no máximo três cartões.

A Tabela 3 apresenta o número de cartões de acordo com o nível de ajuda atingido do gradiente de mediação oferecido pela examinadora na fase ASS do CATM.

Tabela 3 - Número de cartões de acordo com o nível de ajuda atingido do gradiente de mediação na fase de assistência do CATM.

Participantes	Gradiente de Mediação		
	Sem ajuda	Nível 2	Nível 3
A	2	6	2
B	3	4	3
C	7	1	2
D	4	6	0
E	4	6	0
F	4	6	0
G	5	5	0
H	2	7	1
I	6	1	3
J	1	7	2
L	3	7	0
M	4	2	4
N	8	2	0
O	6	4	0
P	9	1	0
Q	6	4	0
R	8	2	0
S	6	4	0
T	4	4	2
U	8	2	0
V	4	4	2
X	6	1	3
Z	10	0	0
W	7	0	2
Y	4	3	3
K	4	4	2
@	1	8	1
&	8	0	2
$	5	3	2

Número de cartões = 10

O nível 2 significa Instrução analítica e *feedback* analítico e o nível 3, a Regra de transformação e *feedback* de transformação. Verifica-se que a maioria dos participantes (28) necessitou de ajuda para resolver os cartões da fase ASS. Quando necessitam de ajuda, foi atingido no mínimo o nível 2 e no máximo o nível 3. Cabe salientar que o nível 2 foi o mais utilizado em relação aos demais níveis de ajuda. Observa-se que quinze participantes resolveram de cinco a dez cartões sem necessitar de ajuda.

A Tabela 4 reúne os indicadores de desempenho dos participantes na resolução do PBFG, nas fases SAJ, ASS, MAN, TRS e TRC, que incluem: número médio de perguntas de busca formuladas, proporção dos tipos de perguntas de busca e proporção dos tipos de tentativas realizadas.

Tabela 4 - Indicadores de desempenho no PBFG - mediana e comparações entre fases (N = 29).

Indicadores de Desempenho PBFG	Fases Medianas					Comparações* (p)			
	SAJ	ASS	MAN	TRS	TRC	SAJ ASS	SAJ MAN	SAJ TRS	SAJ TRC
Número médio de perguntas de busca por cartão	8	4	5	6	5	<0,001	<0,001	0,004	<0,001
Proporção dos tipos de pergunta de busca									
Relevante	0,41	0,80	0,68	0,81	0,86	<0,001	<0,001	<0,001	<0,001
Irrelevante	0,17	0,11	0,17	0,12	0,11	0,005	0,580	0,340	0,050
Incorreta	0,04	0,03	0,00	0,00	0,00	0,280	0,070	0,030	<0,001
Repetida	0,32	0,02	0,05	0,04	0,03	<0,001	<0,001	<0,001	<0,001
Proporção dos tipos de tentativas									
Correta	0,50	1,00	1,00	0,32	0,50	<0,001	<0,001	0,040	0,400
Incorreta	0,00	0,00	0,00	0,20	0,33	0,030	0,110	0,010	0,005
Correta ao acaso	0,00	0,00	0,00	0,00	0,00	0,001	0,003	0,020	0,100

* Teste de Wilcoxon (p ≤ 0,05)

Na Tabela 4 observa-se que na fase SAJ, as crianças realizaram em média oito perguntas por cartão e formularam mais perguntas não relevantes (repetidas, irrelevantes e incorretas) do que questões relevantes. Quanto às tentativas de solução, ocorreu acentuada variação no desempenho das crianças, embora tenham predominado as tentativas corretas, na ordem de 0,50.

Comparando-se a fase SAJ e a fase ASS, houve uma modificação significativa do padrão de desempenho apresentado inicialmente. Com a ajuda presente, verifica-se que houve uma diminuição acentuada do número médio de perguntas de busca por cartão e um aumento significativo na proporção de perguntas relevantes (de 0,41 para 0,80), com correspondente redução no número de perguntas não relevantes (irrelevante, incorreta e repetida), e um aumento significativo das tentativas corretas de solução (de 0,50 para 1,00).

Ao compararmos a fase SAJ e a de MAN, após a suspensão da ajuda, verifica-se que houve também uma diminuição significativa do número médio de perguntas de busca por cartão. A proporção de perguntas relevantes de busca de informação aumentou e a proporção de perguntas repetidas diminuiu significativamente. Contudo, percebe-se que as proporções de perguntas irrelevantes e incorretas mantiveram-se inalteradas, ou seja, com proporções muito próximas às da fase SAJ (0,17 e 0,04, respectivamente). Em relação à proporção dos tipos de tentativas, nota-se que houve um aumento significativo na fase MAN da proporção de tentativas corretas, de 0,50 para 1,00, e uma diminuição das tentativas corretas ao acaso, que inicialmente já se apresentavam com baixa proporção de ocorrência.

Comparando-se as fases SAJ e as de TRS e TRC, observa-se o mesmo padrão apresentado na fase MAN, com algumas diferenças. Comparando-se com a fase SAJ, na fase TRS, além do aumento significativo das perguntas relevantes de busca de informação e da diminuição das perguntas repetidas, também ocorreu uma diminuição das perguntas incorretas. Em contrapartida, na realização das tentativas de solução, houve uma diminuição das tentativas corretas e corretas ao acaso e um aumento de tentativas incorretas.

Comparando-se com a fase SAJ, na fase TRC, por sua vez, além de haver significativamente um aumento de perguntas relevantes e uma redução de perguntas incorretas e repetidas, também houve uma redução de perguntas irrelevantes. Verificou-se ainda, um aumento significativo de tentativas incorretas de solução.

A Tabela 5 apresenta o número de cartões em que foi necessária ajuda e qual tipo de ajuda (verbal ou concreta) oferecida pela examinadora na mediação durante a fase ASS do PBFG.

Tabela 5 - Número de cartões de acordo com tipo de mediação utilizada na fase de assistência do PBFG

Participantes	Sem ajuda	Ajuda verbal	Ajuda concreta
A	1	11	0
B	0	10	2
C	0	12	0
D	3	9	0
E	2	7	3
F	0	9	3
G	0	9	3
H	0	0	12
I	1	10	1
J	0	0	4
L	0	8	4
M	0	6	6
N	0	2	10
O	0	12	0
P	1	11	0
Q	1	9	2
R	1	11	0
S	2	9	1
T	0	4	8
U	0	8	4
V	0	7	5
X	4	8	0
Z	12	0	0
W	0	11	1
Y	0	4	8
K	1	10	1
@	0	4	8
&	3	9	0
$	0	7	5

Número de cartões = 12

Verifica-se nessa Tabela que na fase ASS, a grande maioria dos participantes (N = 28) resolveu a maior parte dos cartões necessitando de ajuda da examinadora, predominantemente do tipo verbal. Vinte e dois sujeitos chegaram à solução de seis a doze cartões com ajuda verbal. Doze participantes chegaram à solução de pelo menos um cartão sem ajuda. Apenas um sujeito conseguiu solucionar os doze cartões sem ajuda.

A ajuda concreta, em que era permitido o uso de cartões em branco para cobrir os estímulos e auxiliar o raciocínio de exclusão de alternativas, foi necessária para 20 participantes, na solução de um a doze cartões. A maioria desses (14) utilizou o material concreto para a solução de menos da metade dos cartões; apenas seis participantes o utilizaram para a resolução da maior parte dos cartões.

Na Tabela 6 encontram-se os diferentes níveis de ajuda verbal do gradiente de mediação oferecidos na fase ASS do PBFG.

Tabela 6 - Proporção de cartões de acordo com o nível de ajuda verbal do gradiente de mediação atingido na fase de assistência do PBFG.

Participantes	Sem ajuda	Ajuda verbal	Ajuda concreta
A	0,18	0,46	0,36
B	0,10	0,90	0
C	0,33	0,67	0
D	0,45	0,33	0,22
E	0	1,00	0
F	0,56	0,33	0,11
G	0,22	0,78	0
H	0	0	0
I	0,40	0,60	0
J	0	0	0
L	0,25	0,75	0
M	0,17	0,66	0,17
N	0,50	0,50	0
O	0,17	0,83	0
P	0,64	0,36	0
Q	0,33	0,67	0
R	0,64	0,36	0
S	0,56	0,44	0
T	0	0,50	0,50
U	0,37	0,50	0,13
V	0,43	0,43	0,14
X	0,63	0,37	0
Z	0	0	0
W	0,45	0,45	0,10
Y	0,25	0,25	0,50
K	0,30	0,70	0
@	0,25	0,25	0,50
&	0,67	0,33	0
$	0,14	0,57	0,29

Número de cartões com ajuda verbal variou para cada participante

Na Tabela 6, o nível 1 significa *feedback* informativo, o nível 2 significa análise comparativa dos estímulos e o nível 3, exemplo de pergunta relevante. Pode-se verificar nessa Tabela que, o nível 1 de ajuda, fornecimento de *feedback* e, predominantemente, o nível 2, análise comparativa dos estímulos, foram os mais utilizados para a resolução da maior parte dos cartões na fase ASS do PBFG. Mais da metade dos participantes necessitou de dois níveis de ajuda verbal para solucionar grande parte dos cartões. O nível 3, que consiste na apresentação de exemplo de pergunta relevante, foi o menos utilizado e quando o foi, ocorreu em poucos cartões.

A Figura 1 apresenta os perfis de desempenho dos participantes na tarefa CATM, classificando-os em: alto-escore, ganhador ou não-ganhador.

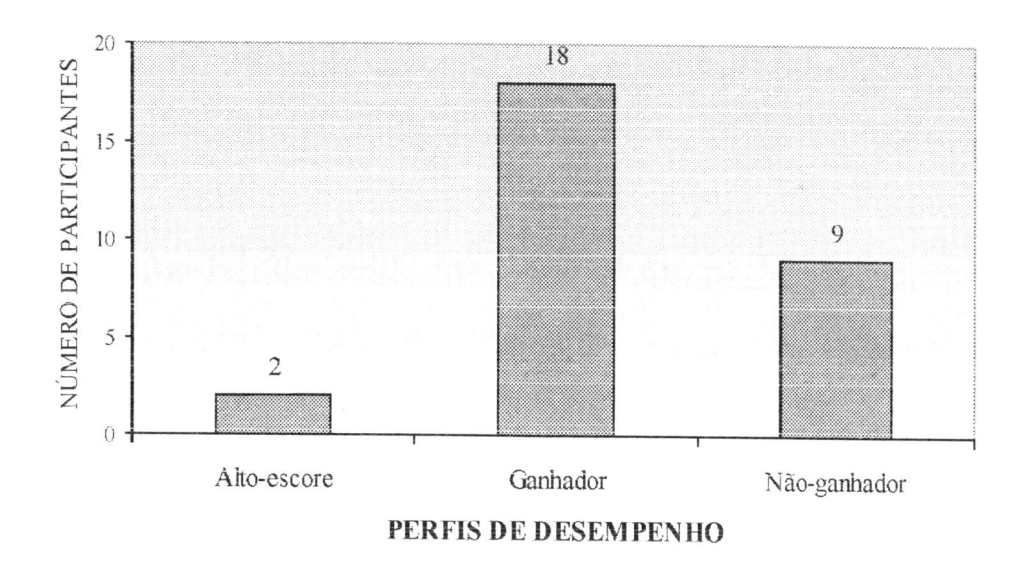

Figura 1 - Perfis de desempenho dos participantes do CATM – alto-escore, ganhador e não-ganhador.

Nota-se que a maioria das crianças avaliadas apresentou o perfil de ganhadores nessa tarefa, ou seja, melhoraram seu desempenho com a assistência da examinadora, mantendo-o após a suspensão da ajuda na fase MAN, quando comparado com o desempenho da fase SAJ. Nota-se ainda a presença de poucos participantes com o perfil alto-escore, revelando que apresentaram bom desempenho logo na fase SAJ independente da ajuda da examinadora, estabelecendo relações analógicas eficientes para a solução da tarefa CATM. Houve ainda, não-ganhadores, um subgrupo de crianças (nove) que melhoraram o desempenho com a ajuda presente, mas não o mantiveram após a suspensão da mesma.

A Figura 2 apresenta os perfis de desempenho dos sujeitos na tarefa PBFG, classificando-os em: alto-escore, ganhador mantenedor, ganhador dependente da assistência ou não-ganhador.]

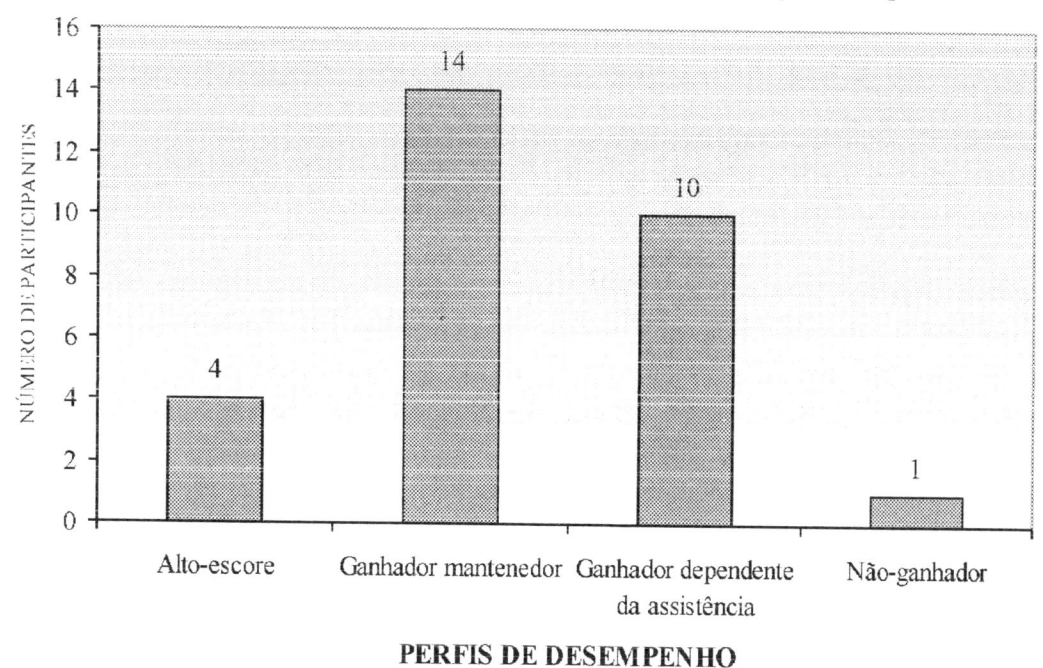

Figura 2 - Perfis de desempenho dos participantes no PBFG – alto-escore, ganhador mantenedor, ganhador dependente da assistência e não-ganhador.

Na tarefa PBFG, verifica-se a mesma tendência da tarefa CATM, havendo um subgrupo maior de ganhadores porém subdivididos em ganhadores mantenedores (14), aqueles que melhoraram seu desempenho na fase de ASS e mantiveram o ganho na fase de MAN, e ganhadores dependentes da assistência (10), aqueles que melhoraram com assistência presente, mas não mantiveram o desempenho após a suspensão da mesma.

Aproximadamente a metade (0,48) dos participantes apresentaram estratégias de formulação de perguntas relevantes de busca de informação em PBFG e 0,34 dos participantes melhoraram com a assistência presente mas não mantiveram o desempenho na fase de manutenção. Houve ainda um pequeno subgrupo com o perfil alto-escore (4), que apresentou bom desempenho logo na fase SAJ, com estratégia eficiente de perguntas relevantes de busca e apenas um sujeito apresentou o perfil de não-ganhador.

Pode-se acrescentar a esses dados que houve transferidores, ou seja, crianças que generalizaram o desempenho das duas tarefas para situações similares de maior complexidade. Vinte e um sujeitos foram transferidores no CATM e dezesseis no PBFG. Considerou-se pelo menos uma forma de transferência no PBFG, a simples ou a complexa. Sete participantes transferiram nas duas formas.

Discussão

Retomando o objetivo do presente estudo, duas questões emergem quanto à avaliação cognitiva assistida de crianças com queixa de dificuldade de aprendizagem escolar e classificadas por teste psicométrico como deficientes mentais, a saber:

a) se otimizarmos a avaliação cognitiva em situação de resolução de problemas, criando uma mini-situação de ensino-aprendizagem e incluindo ajuda durante o processo de avaliação, será que essas crianças revelariam indicadores de desempenho potencial encoberto que estariam além do desempenho de base inicial?;

b) embora todas as crianças do grupo analisado tenham sido classificadas como deficientes mentais, será que existem variações intra-grupo, que poderiam ser detectadas por intermédio da avaliação assistida, revelando diferenças individuais de aspectos do funcionamento cognitivo em tarefas de resolução de problemas?

Frente aos resultados encontrados, as respostas às duas questões parecem ser afirmativas. Com relação à primeira questão, pode-se verificar que, com a assistência presente no processo de avaliação nas duas tarefas (CATM e PBFG) realizadas, as crianças apresentaram, de modo geral, melhor desempenho em relação à fase inicial sem ajuda. Para a maioria dos participantes, a otimização da situação de avaliação com a assistência presente da examinadora, permitiu revelar níveis mais elevados de desempenho em situação de resolução de problemas, que se mantiveram, em grande parte dos casos após a suspensão da ajuda. No entanto, verifica-se que todos os participantes, com exceção de um, precisaram efetivamente de ajuda na fase de assistência, para alcançar melhor desempenho havendo, contudo, variação na quantidade e no tipo de ajuda necessário; alguns sujeitos necessitaram de mais ajuda e outros de menos ajuda, embora no conjunto, todos os sujeitos tenham necessitado do suporte instrucional adicional e temporário.

Com relação à segunda questão, o grupo de crianças avaliado não parece ser homogêneo quanto às características do desempenho cognitivo em situações de resolução de problemas de perguntas de busca de informação e de relações analógicas. Embora a maior parte das crianças tenha necessitado de ajuda e tenha sido beneficiada com a otimização da situação de avaliação, foram detectadas variações intra-grupo.

Por meio dos indicadores de desempenho avaliados nas tarefas CATM e PBFG respectivamente, revelaram-se três e quatro subgrupos com diferentes perfis de desempenho: alto-escore, ganhador (mantenedor e dependente da assistência) e não-ganhador. As diferenças entre eles concentram-se nas estratégias de solução, resolução propriamente dita e nível de ajuda necessário para melhorar o desempenho na resolução dos problemas respectivamente em cada tarefa.

Ainda que o subgrupo de ganhadores tenha sido o mais numeroso nas duas tarefas, foram detectados dois outros subgrupos, em menor proporção, com desempenhos extremos mais alto ou mais baixo em relação ao primeiro: o alto-escore, que incluía crianças que apresentavam bom desempenho logo na fase inicial, usando estratégias de perguntas relevantes de busca que levavam ao acerto ou relações analógicas eficientes para a solução e o não-ganhador, que reuniu crianças que podiam até melhorar o desempenho com a assistência presente, mas não mantinham essa melhora após a suspensão da ajuda, indicando a necessidade de ajuda continuada do tipo intervenção com objetivo de ensino.

Quanto aos indicadores de transferência de aprendizagem, verificou-se que mais da metade dos participantes conseguiram generalizar estratégias eficientes de solução, nas duas tarefas. Apresentaram perguntas relevantes de busca de informação e tentativas corretas de solução. No CATM, a maioria dos participantes (21) realizou o raciocínio analógico com a superposição dos blocos, que implicava em realizar duas relações analógicas simultaneamente. No Cara a Cara, a dificuldade foi mais acentuada com a transferência complexa. Apenas dez participantes conseguiram transferir. Nesse caso, a tarefa exigia que a criança teria que formular questões sobre várias alternativas além de responder sobre outras possibilidades; o que requeria uma habilidade de mudar continuamente o foco da atenção, ajustando o ângulo de análise das possibilidades de dois universos diferentes de estímulos com os seus respectivos atributos (Linhares, 1998).

As diferentes análises da relevância das perguntas de busca, dos acertos, da transferência nas duas tarefas, do nível de mediação da fase de assistência, e principalmente da comparação do desempenho do participante com ele mesmo nas diferentes fases da avaliação, permitiu uma melhor apreciação do grupo de crianças avaliadas podendo diferenciá-las quanto a dificuldades e recursos cognitivos em situações de resolução de problemas.

Ao serem considerados os resultados da avaliação cognitiva assistida, a classificação de nível intelectual e o desempenho acadêmico dos participantes estudados, pode-se verificar que os resultados confirmam os achados de que crianças com dificuldade de aprendizagem ou deficiência mental apresentam desempenho melhor em situações de avaliação quando está presente um suporte instrucional de ajuda (Brown & Campione, 1986).

Verificou-se, portanto, que crianças classificadas no mesmo nível intelectual apresentaram variações em seus desempenhos, mostrando-nos a importância de se atentar para variações intra-grupo, que ficam muitas vezes encobertas na avaliação psicométrica tradicional (Swanson, 1995; Rutland & Campbell, 1996). A avaliação assistida pode ser utilizada nos processos de avaliação com o objetivo de trazer informações adicionais sobre a identificação de recursos potenciais das crianças para a manutenção e generalização de aprendizagem, contribuindo para o diagnóstico de deficiência mental e servindo como base para o planejamento de intervenções educacionais ou terapêuticas. A avaliação pode sugerir a qualidade e a quantidade de pistas que serão necessárias para determinada criança, assim como o quanto a manutenção e/ou generalização de aprendizagem consistem ou não em foco de dificuldade para a criança.

Nesse sentido, a avaliação assistida ou dinâmica interativa em situação de resolução de problemas pode se constituir, como contribuição complementar à avaliação psicométrica na compreensão dos recursos cognitivos da criança conforme apontado por Rutland & Campbell (1996).

Referências Bibliográficas

Brown, A L., & Campione, J. C. (1986). Psychological theory and the study of learning disabilities. *American Psychologist*, 14(10), 1059-1068.

Burgeimester, B. B., Blum, L. H., & Lorge, I. (1967). *Escala de maturidade mental de Columbia:* manual de instruções do teste. São Paulo, Vetor.

Campione, J. C., & Brown, A. L. (1990). Guided learning and transfer: implications for approaches to assessment. In: N. Fredericksen, R. Glaser, A. Lesgold, & M. G. Shafto (Ed.). *Diagnostic monitoring of skill and knowledge acquisition*. (pp. 141-172). New Jersey, Lawrence Erlbaum Associates Publishers.

Escolano, A. C. M., & Linhares, M. B. M. (1998). Estratégias de busca de informação em situação de resolução de problema em crianças de primeira série do primeiro grau. In: XXVIII Reunião Anual de Psicologia, Ribeirão Preto. *Resumos*. (pp. 160). Ribeirão Preto, Sociedade Brasileira de Psicologia.

Hamilton, J. L., & Budoff, M. (1974). Learning potential among the moderately and severely mentally retarded. *Mental Retardation*, 33-36.

Linhares, M. B. M. (1991). Avaliação assistida; um procedimento de observação e análise do desempenho em situação de resolução de problemas. In: XXI Reunião Anual de Psicologia, Ribeirão Preto. *Resumos*. (pp. 77). Sociedade Brasileira de Psicologia.

Linhares, M. B. M. (1998). Avaliação assistida de crianças com queixa de dificuldade de aprendizagem: indicadores de eficiência e transferência de aprendizagem em situação de resolução de problemas. In: A. W. Zuardi, E. M. Marturano, M. A. C. Figueiredo, & S. R. Loureiro (Org.). *Estudos em Saúde Mental*. (pp. 121-147). Ribeirão Preto: Comissão de Pós-graduação em Saúde Mental - FMRP/USP.

Rutland, A. F., & Campbell, R. N. (1996). The relevance of Vygotsky's theory of the "zone of proximal development" to the assessment of children with intellectual disabilities. *Journal of Intellectual Disability Research*, 40(2), 151-158.

Santa Maria, M. R. (1999). *Avaliação cognitiva assistida de crianças com indicação de dificuldade de aprendizagem escolar e deficiência mental*. Dissertação de Mestrado, Faculdade de Medicina de Ribeirão Preto - Universidade de São Paulo, Ribeirão Preto.

Stein, L. M. (1994). *TDE - Teste de desempenho escolar*: manual para aplicação e interpretação. São Paulo, Casa do Psicólogo.

Swanson, H. L. (1995). Effects of dynamic testing on the classification of learning disabilities: the predictive and discriminant validity of the Swanson-Cognitive Processing Test (S-CPT). *Journal of Psychoeducational Assessment*, 13, 204-229.

Tzuriel, D., & Klein, P. S. (1985). *The children's analogical thinking modifiability test – CATM:* manual de instruções do teste. School of Education, Bar-Ilan University, Israel.

Tzuriel, D., & Klein, P. S. (1987). Assessing the young child: children's analogical thinking modifiability. In: C. S. Lidz (Ed.). *Dynamic assessment:* an interactional approach to evaluating learning potential. (pp. 268-287). New York, Guilford Press.

Xavier, M. A. & Jacquemin, A. *Escala de maturidade mental Columbia*: estudo normativo em crianças de 5 a 9 anos. Ribeirão Preto, s.d.. (Relatório de pesquisa – CNPq).

-Capítulo II-

Avaliação Assistida em Situação de Resolução de Problema na Predição do Desempenho Escolar de Crianças de Primeira Série do Primeiro Grau[6]

Ângela Coletto Morales Escolano
Maria Beatriz Martins Linhares

Objetivo

Considerando-se a importância dos fatores cognitivos para a aprendizagem, a contribuição advinda de diferentes abordagens combinadas de avaliação cognitiva e questões sobre a predição do desempenho acadêmico de crianças foi realizado o presente estudo que tem por *objetivo*: verificar a relação de aspectos do funcionamento cognitivo (avaliados por meio da combinação da avaliação psicométrica e avaliação cognitiva assistida) e do desempenho em leitura e escrita inicial de crianças na entrada da primeira série na predição do desempenho acadêmico em leitura e escrita no fim do ano letivo.

Método

Participantes

A amostra foi composta por 56 crianças (29 meninas) ingressantes na primeira série do primeiro grau de uma escola pública estadual, de Ribeirão Preto, com idade mediana de 7 anos e 1 mês (variando entre 6 anos e 7 meses a 7 anos e 7 meses).

Material

Foram utilizados os seguintes materiais:
a) Raven, com padronização brasileira de Angelini et al. (1987);
b) Jogo das Perguntas de Busca com Figuras Geométricas (PBFG) (Linhares, 1991);
c) Teste de Desempenho Escolar (TDE) de Stein (1994);
d) Sondagem de Leitura e Escrita Inicial (Ferreiro & Teberosky, 1991);
e) Leitura de texto (livro de histórias com ilustrações);
f) Avaliação Pedagógica (elaborada com a colaboração das professoras);
g) Gravador, fitas cassete e protocolos de registro.

---

[6] Este capítulo é parte da Dissertação de Mestrado da primeira autora sob orientação da segunda, junto ao Programa de Pós-Graduação em Psicologia da FFCLRP-USP, com subvenção da FAPESP.

Procedimento

A coleta de dados foi composta por duas etapas. A **primeira etapa** (início do ano) incluiu a realização de duas sessões individuais com as crianças.

Na **1ª sessão** foram aplicadas as seguintes avaliações:

a) *Raven*;
b) *Sondagem de Leitura e Escrita Inicial* (verificação do repertório de entrada da criança na primeira série em relação às noções destas habilidades);
c) *Leitura de Texto* (frente a um livro de histórias com ilustrações, perguntava-se à criança onde havia algo para ler e se ela sabia ler; caso não lesse, se ela reconhecia alguma letra. Na análise do desempenho na sondagem contava-se os acertos ou sílabas corretas em cada palavra escrita pela criança.

O desempenho na leitura de texto teve a seguinte pontuação:

zero (não reconhecia nenhuma letra);

1 (reconhecia pelo menos uma letra do seu nome, mas não nomeava);

2 (reconhecia e nomeava alguma letra);

3 (lia pelo menos uma palavra corretamente);

4 (lia pelo menos uma frase corretamente).

Na **2ª sessão** realizou-se a avaliação cognitiva assistida utilizando-se a situação de resolução de problemas do *Jogo de Perguntas de Busca com Figuras Geométricas*. A aplicação foi feita em fases: Inicial sem ajuda (SAJ); Assistência (ASS); Manutenção (MAN) (Linhares, 1996; Santa Maria & Linhares, 1999). Para a análise dos dados foi realizada uma classificação do desempenho (Linhares, 1991; 1996), quanto à relevância das perguntas de busca formuladas e dos tipos de tentativas de solução. Com base nos indicadores de desempenho e na comparação entre as diferentes fases, os sujeitos foram classificados nos seguintes perfis de desempenho cognitivo: alto escore, ganhador mantenedor, ganhador dependente da assistência e não ganhador (Escolano & Linhares, 1998). Na **segunda etapa** (final do ano) foram realizadas duas atividades: a aplicação individual do *TDE* e a aplicação coletiva da *Avaliação Pedagógica*. A análise desta última foi realizada contando-se os acertos ou número de sílabas corretas em cada palavra escrita pela criança.

Resultados

Os dados descritivos do repertório de entrada das crianças na primeira série indicaram que, quanto ao *Raven*, o grupo de crianças avaliadas apresentou uma mediana de percentil 50, significando, classificação de inteligência média, com uma amplitude de variação do percentil 5 ao 95. Na *avaliação assistida* foram predominantemente ganhadoras, isto é, a grande maioria das crianças melhora o desempenho, formulando perguntas relevantes e resolvendo corretamente a tarefa, com a assistência da examinadora. Predominou os ganhadores mantenedores (que mantêm os ganhos de desempenho mesmo após a suspensão da ajuda) em relação aos dependentes da assistência da examinadora. Com relação à *sondagem de leitura e escrita inicial*, 0,61 das crianças alcançaram desempenho igual ou superior a média dos sujeitos da amostra.

Na *leitura de texto*, 0,59 das crianças, já no início do ano, reconheciam e nomeavam letras, 0,21 leram frases, 0,14 leram palavras e apenas uma não reconhecia letra nenhuma.

Verificou-se que não havia correlação significativa entre os perfis de desempenho cognitivo no PBFG e os percentis obtidos no Raven, por intermédio do coeficiente não paramétrico de Spearman (r=0,22; p<0,10). Quanto à relação entre os perfis de desempenho cognitivo no PBFG e a sondagem de leitura e escrita inicial, observou-se uma tendência a haver correlação significativa com o resultado total da sondagem (r=0,26; p=0,06) e a existência de uma correlação significativa especificamente com o desempenho no item Leitura de texto (r=0,53; p<0,001).

A Tabela 1 apresenta a regressão linear simples para a Avaliação Pedagógica e o TDE, respectivamente, utilizando-se como variáveis preditoras independentes, o percentil no Raven, o perfil de desempenho cognitivo no PBFG, as proporções de acertos em itens específicos e no total da Sondagem de Leitura e Escrita Inicial e as classificações dos níveis de Leitura de Texto.

Tabela 1 - Regressão linear simples para Avaliação Pedagógica e TDE, utilizando como variáveis preditoras o Raven, o Perfil de desempenho cognitivo em PBFG, os itens da Sondagem de Leitura e Escrita e Leitura de texto.

Avaliações no início do ano	Aval. Pedag.	TDE			
	Total	Escrita	Aritm.	Leitura	Total
Raven	21,8**	21,8**	13,9**	23,8**	25,1**
Perfil de desempenho cognitivo (PBFG)	8,9*	0,9	5,6	3,5	3,1
Sondagem de leitura e escrita inicial					
Escrita do nome	23,1**	4,4	10,9*	13,7**	12,0*
Escrita sobre o desenho	16,9*	17,7**	10,6*	16,5**	18,3**
Escrita do nome de um amigo	22,6**	18,4**	11,4*	28,6**	27,2**
Escrita do que já aprendeu	22,7**	9,5*	13,4**	24,6**	21,6**
Escrita de palavras	27,9**	44,0**	10,1*	45,2**	46,2**
Cartões de identificação	20,8**	6,0	2,2	9,3*	8,6*
Cartões de leitura	13,1**	26,7**	4,4	15,5**	18,9**
Total	42,2**	33,1**	19,5**	44,8**	44,2**
Leitura de texto	25,9**	27,8**	20,0**	27,6**	30,4**

*p<0,05 **p<0,01

Pode-se verificar na Tabela 1 que o desempenho das crianças na Avaliação Pedagógica, foi predito de modo significativo por todas as avaliações realizadas no início do ano, ou seja, o Raven, o perfil de desempenho cognitivo no PBFG, a Sondagem de Leitura e Escrita Inicial e a Leitura de Texto.

Vale comentar que, embora os resultados tenham sido significativos quanto à predição de desempenho acadêmico com as formas de avaliações utilizadas, estes foram baseados em valores em geral não muito altos. Destaca-se a sondagem de leitura e escrita inicial como forte preditora do desempenho na avaliação pedagógica, considerando-se os valores obtidos acima de 40.

O desempenho no TDE, nas três áreas de Escrita, Aritmética e Leitura, assim como o escore Total, foi predito significativamente pelo Raven, pela Sondagem de Leitura e Escrita Inicial e Leitura de Texto. Fizeram exceção os itens de cartões de identificação da sondagem para predizer desempenho em Escrita e Aritmética do TDE e cartões para leitura também da sondagem para predizer Aritmética do TDE. Pode-se destacar algumas relações significativas com valores mais elevados, que são: o item "escrita de palavras" na sondagem, predizendo o desempenho em Escrita, Leitura e Total do TDE e o "total" da sondagem, predizendo Leitura e Total do TDE. O perfil de desempenho cognitivo obtido por meio do PBFG não mostrou ser preditor do desempenho no TDE em nenhum dos subtestes e nem do escore total.

A Tabela 2 discrimina o peso do Raven, da PBFG e da Sondagem de Leitura e Escrita Inicial na predição do desempenho escolar de final de ano dos sujeitos, avaliado por meio da Avaliação Pedagógica e do TDE.

Tabela 2 - Regressão linear múltipla discriminando o peso das variáveis (percentil no Raven, os itens da Sondagem de Leitura e Escrita Inicial e o Perfil de desempenho cognitivo no PBFG) na predição do desempenho na Avaliação Pedagógica e no TDE.

Avaliações no fim do ano	R^2	Peso das variáveis preditoras		
		Raven	Sondagem	PBFG
Avaliação Pedagógica				
Ditado	51,7**	54,5%	45,5% (Total)	-
Caça-Palavras	30,2**	48,7%	51,3% (Total)	-
Escrita de palavras	30,2**	58,4%	41,6% (Total)	-
Ditado colorido	28,7**	-	100,0% (Escrita do nome)	-
Palavras cruzadas	58,5**	53,2%	46,8% (Total)	-
Interpretação de texto	11,0*	-	100,0% (Cartões para leitura)	-
Citar animais do texto	26,8**	42,2%	22,9% (Cartões de identificação)	34,9%
Colocar o feminino	31,5**	40,2%	59,8% (Cartões de identificação)	-
Matemática	32,5**	39,9%	50,0% (Total)	10,1%
Total	47,7**	43,9%	56,1% (Total)	-
TDE				
Escrita	48,3**	43,4%	56,6% (Escrita de palavras)	-
Aritmética	23,3**	53,5%	46,5% (Leitura de texto)	-
Leitura	51,2**	44,8%	55,2% (Total)	-
Total	52,3**	46,5%	53,5% (Escrita de palavras)	-

*p<0,05 **p<0,01

Pode-se verificar na Tabela 2 que o Raven ou a Sondagem respondem, na maioria dos itens, pela predição do desempenho na Avaliação Pedagógica e no TDE. Nota-se uma tendência de a sondagem apresentar maior peso preditivo do que o Raven nos diferentes itens dessas avaliações. Além disso, ditado colorido e a interpretação de texto foram preditos 100% pela sondagem. Somente nos itens "citar animais do texto" e "matemática" da Avaliação Pedagógica, o perfil de desempenho cognitivo do PBFG aparece como auxiliando na predição do desempenho, porém com porcentagens pequenas.

Finalmente, realizou-se uma análise separando-se os oito sujeitos que não apresentaram desempenho acadêmico satisfatório na Avaliação Pedagógica no final do ano (escore total abaixo da média) e correlacionando o desempenho nesta avaliação e o escore geral do TDE, respectivamente, com o perfil de desempenho cognitivo no PBFG.

Verificou-se que existe uma correlação altamente significativa entre o perfil de desempenho cognitivo na avaliação cognitiva através do PBFG e o escore total da Avaliação Pedagógica ($r=0,76$; $p=0,03$) e o escore geral total no TDE ($r=0,84$; $p=0,03$), respectivamente, para este subgrupo de crianças com baixo desempenho acadêmico, que não estavam alfabetizadas no final do ano.

Considerações Finais

Na amostra de escolares estudada verificou-se bom desempenho no Raven, em que a grande maioria das crianças encontra-se na média ou acima dela. Apresentavam ainda sinais de recursos cognitivos potenciais avaliados por meio da avaliação assistida.

Na análise dos resultados em relação à predição do desempenho acadêmico dos sujeitos, verificamos que a avaliação pedagógica foi predita pelas avaliações iniciais (Raven, sondagem de leitura e escrita e PBFG), mesmo que de forma modesta, com valores do coeficiente linear abaixo de 40, resultado semelhante ao encontrado no trabalho de Bandeira & Hutz (1994). Em relação ao desempenho no TDE, este não foi predito pela avaliação assistida, mas em contrapartida foi predito pelo Raven, predito pela Sondagem de leitura e escrita inicial, principalmente, e pela Leitura de texto; estes dois últimos possuem a mesma natureza de conteúdo semelhante a do TDE, ou seja, conteúdo acadêmico.

Embora as variáveis cognitivas tenham se correlacionado com o desempenho acadêmico, em relação ao peso das variáveis preditoras, verificou-se que as avaliações da esfera cognitiva contribuíram pouco para a predição do desempenho acadêmico das crianças desta amostra, ficando a sondagem com o papel principal neste aspecto.

No entanto, deve-se salientar que a variável cognitiva pode não ter pesado tanto na predição, porém foi importante na discriminação de crianças que apresentaram problemas de alfabetização. Esse achado reforça o fato de que a avaliação assistida foi concebida para avaliar crianças com algum tipo de dificuldade, seja de aprendizagem ou deficiência mental, buscando encontrar potencialidades, recursos de aprendizagem que não são possíveis de serem identificados apenas por meio da avaliação psicométrica tradicional (Hamilton & Budoff, 1974; Denney et al., 1979; Tzuriel & Klein, 1985b; Budoff, 1987a, 1987b; Barton, 1988; Linhares, 1996; Santa Maria & Linhares, 1999).

Quando se restringe a verificação da predição com as crianças da amostra que não se alfabetizaram, verifica-se um alto nível de correlação entre o perfil de desempenho cognitivo no PBFG e o escore total na avaliação pedagógica e o escore total no TDE, respectivamente. Isso demonstra que a avaliação assistida parece não ter poder de predição nessa amostra de escolares como um todo, que apresentam bom desempenho acadêmico, mas, mostra ser significativamente sensível para detectar as crianças que apresentam desempenho acadêmico insatisfatório no final do ano escolar.

Referências Bibliográficas

Angelini, A. L., Alves, I. C. B., Custódio, E. M. & Duarte, W. F. (1987). *Matrizes progressivas coloridas - escala especial - Raven*. (Padronização Brasileira). São Paulo, Casa do Psicólogo.

Bandeira, D. R., & Hutz, C. S.(1994). A contribuição dos testes DFH, Bender e Raven na predição do rendimento escolar na primeira série. *Psicologia: Teoria e Pesquisa*, 10(1), 59–72.

Barton, J. A. (1988). Problem-solving strategies in learning disabled and normal boys: developmental and instructional effects. *Journal of Educational Psychology*, 80(2), 184-191.

Budoff, M. (1987a). Measures for assessing learning potential. In: Lidz, C.S. (Ed.). *Dynamic assessment*: an interactional approach to evaluating learning potential (pp. 173-195). London, Guilford Press.

Budoff, M. (1987b). The validity of learning potential assessment. In: C. S. Lidz (Ed.), *Dynamic assessment*: an interactional approach to evaluating learning potential (pp. 52-81). London, Guilford Press.

Denney, N. W., Jones, F. W., & Krigel, S. H. (1979). Modifying the questioning strategies of young children and elderly adults with strategy - modeling techniques. *Human Development*, 22, 23-36.

Escolano, A. C. M.., & Linhares, M. B. M. (1998). Estratégias de busca de informação em situação de resolução de problema em crianças de primeira série do primeiro grau. In: XXVIII Reunião Anual de Psicologia, Ribeirão Preto. *Resumos*. Ribeirão Preto, (pp. 160). Sociedade Brasileira de Psicologia.

Ferreiro, E., & Teberosky, A. (1984/1991). *Psicogênese da língua escrita*. (Diana M. Lichtenstein, L. Di Marco, Marco Corso, Trad.). Porto Alegre, Artes Médicas.

Hamilton, J. L., & Budoff, M. (1974). Learning potential among the moderately and severely mentally retarded. *Mental Retardation*, aug., (pp. 33–36).

Linhares, M. B. M. (1991). Avaliação assistida: um procedimento de observação e análise do desempenho em situação de resolução de problemas. In: XXI Reunião Anual de Psicologia, Ribeirão Preto (pp. 77). *Resumos*. Sociedade Brasileira de Psicologia.

Linhares, M. B. M. (1996). Avaliação assistida em crianças com queixa de dificuldade de aprendizagem. *Temas em Psicologia*, 1, 17- 32.

Santa Maria, M. R. & Linhares, M. B. M. (1999). Avaliação cognitiva assistida de crianças com indicação de dificuldade de aprendizagem escolar e deficiência mental. *Psicologia: Reflexão e Crítica. 12* (2), 395-417.

Stein, L. M. (1994). *TDE - Teste de desempenho escolar*: manual para aplicação e interpretação. São Paulo, Casa do Psicólogo.

Tzuriel, D., & Klein, P. S. (1985). The assessment of analogical thinking modifiability among regular, special education, disadvantaged, and mentally retarded children. *Journal of Abnormal Child Psychology*, 13(4), 539-552.

-Capítulo III-

Aspectos Cognitivos e Comportamentais na Média Meninice de Crianças Nascidas Pré-termo com Muito Baixo Peso[7]

Maria Beatriz Machado Bordin
Maria Beatriz Martins Linhares
Salim Moysés Jorge

Objetivo

Considerando-se:

a) a necessidade de avaliar crianças de risco nascidas pré- termo com muito baixo peso, a médio prazo, após a passagem do enfrentamento de tarefas evolutivas significativas de aquisição e domínio da linguagem e entrada na escola;

b) a escassez de estudos de avaliação do desenvolvimento e aprendizagem dessas crianças em nosso meio, propõe-se o presente estudo.

Este tem por objetivo:

- avaliar aspectos do desempenho cognitivo e do comportamento de crianças na fase escolar, com idade de oito a dez anos, nascidas pré-termo com muito baixo peso (≤ 1.500g);

- proceder à avaliação cognitiva dessas crianças combinando duas abordagens: avaliação psicométrica da inteligência e avaliação assistida em situação de resolução de problemas (Tzuriel & Klein, 1987; Linhares, 1996). Esta última modalidade de avaliação tem demonstrado ser útil com crianças com desvantagens, diagnóstico de deficiência mental ou com problemas de aprendizagem, por permitir diferenciações intra-grupo, revelando recursos potenciais individuais do ponto de vista cognitivo (Brown & Ferrara, 1985; Linhares, 1996; Linhares et al., 1998; Santa Maria & Linhares, 1999). Permite comparar o desempenho da criança em diferentes momentos de uma situação de resolução de problemas: sem ajuda do examinador, com assistência e após a suspensão da mesma, comparando o sujeito consigo mesmo no processo de avaliação.

Método

Participantes

A amostra foi composta por 20 crianças nascidas pré-termo com peso abaixo de 1.500 gramas no Hospital das Clínicas da Faculdade de Medicina de Ribeirão Preto da Universidade de São Paulo (HCFMRP) entre os

---

[7] Dissertação de Mestrado da primeira autora com orientação da segunda, junto ao Programa de Pós-Graduação em Saúde Mental da FMRP-USP, com subvenção da FAPESP. Artigo publicado na íntegra no periódico *Psicologia: Teoria e Pesquisa*. 17 (1), 49-57, 2001. Brasília. Os autores agradecem a autorização da Editora pela autorização de reprodução.

anos de 1988 a 1991. Os sujeitos tinham de oito anos a dez anos e dois meses (Med = 9 anos) e a maioria era do sexo feminino (n = 13). O peso ao nascimento dessas crianças variou de 540 a 1475 gramas (Med = 1210 g). Oito das crianças avaliadas estavam cursando a 3ª série, seis estavam cursando a 1ª série e quatro a 2ª série. Uma criança freqüentava escola especial, uma segunda criança freqüentava o pré-primário de uma sala especial para deficientes auditivos e uma terceira criança estava em classe especial de 1ª série para deficiente auditivo. Duas crianças apresentavam história de repetência escolar. A grande maioria (75%) freqüentava série compatível com a idade cronológica, predominantemente em escola pública.

As mães das crianças eram jovens (Med=33 anos; variação de 26-48) e o grau de escolaridade variava da 2ª série incompleta do 1º grau ao nível superior incompleto.

Pouco mais da metade das mães das crianças avaliadas trabalhavam fora, exercendo atividades não qualificadas ou de qualificação inferior, segundo classificação de Soares e Fernandes (1989). Os pais, por sua vez, apresentavam grau de escolaridade variando da 2ª série do 1º grau ao 2º grau incompleto. A maioria dos pais exercia funções de nível não qualificado ou de qualificação inferior. A *renda per capita* variava de R$ 38,34 a R$ 500,00 (Med =124,55).

Local

O estudo teve a coleta de dados realizada em salas dos ambulatórios da Neonatologia do Hospital das Clínicas da Faculdade de Medicina de Ribeirão Preto.

Material

Foram utilizados os seguintes materiais:

a) Teste das Matrizes Progressivas Coloridas - Escala Especial (Raven), com padronização brasileira de Angellini et al. (1988);
b) Escala de Inteligência Weschler para Crianças (WISC), traduzida e adaptada por Poppovic (1964);
c) Avaliação Assistida, com Jogo de Perguntas de Busca com Figuras Geométricas (Linhares, 1996; Linhares et al.,1998; Santa Maria & Linhares, 1999);
d) Escala de Comportamento Infantil A2 de Rutter, traduzida e padronizada por Graminha & Coelho (1994);
e) Gravador e Fitas cassete.

Procedimento

Coleta de Dados

As três primeiras sessões com a criança, realizadas por psicóloga treinada em avaliação psicológica, tiveram a seguinte ordem de aplicação: Raven, WISC (Escalas Verbal e de Execução completas) e Avaliação Assistida. Esta consiste em situação de resolução de problema, utilizando-se o Jogo das Perguntas de Busca com Figuras Geométricas, com o delineamento de três fases: inicial sem ajuda, fase com assistência e fase de manutenção, de acordo com procedimento descrito por Linhares (1996), e com o gradiente de mediação na fase de assistência conforme proposto por Santa Maria e Linhares (1999). Na quarta sessão a mãe foi solicitada a responder a Escala de Rutter. As sessões tiveram espaçamento semanal.

Análise dos Dados

Os testes psicométricos de inteligência foram quantificados de acordo com as normas dos mesmos e obtidos o percentil na escala de Raven e o nível intelectual no WISC. Os dados da Avaliação Assistida foram analisados segundo o sistema de categorias, definidas operacionalmente, proposto por Linhares (1996) e Santa Maria e Linhares (1999), quanto aos indicadores de desempenho na tarefa de resolução de problemas: relevância das perguntas de busca de informação e poder de restrição de alternativas (perguntas relevantes, irrelevantes, incorretas ou repetidas) e tipos de tentativas de resolução dos itens (corretas, incorretas e corretas ao acaso). A partir desses indicadores, verificava-se o desempenho potencial na Avaliação Assistida, revelado pela comparação entre o desempenho na fase inicial sem ajuda e as fases de assistência e de manutenção (após a suspensão de assistência), respectivamente. Os sujeitos eram então classificados em termos de perfis de desempenho cognitivo: alto escore (AE), ganhador mantenedor (GM), ganhador dependente da assistência (GDA) e não ganhador (NG), cujas definições operacionais encontram-se descritas em Linhares et al. (1998) e Santa Maria e Linhares (1999). Em geral, a criança *alto escore*, já na fase inicial sem ajuda, apresenta estratégias eficientes de perguntas relevantes de busca e acertos; a *ganhadora mantenedora* é aquela que melhora ou mantém o desempenho na fase de assistência em relação à fase inicial sem ajuda, assim como mantém o ganho do desempenho na fase de manutenção; a *ganhadora dependente da assistência* é aquela que melhora ou mantém o desempenho na fase de assistência em relação à fase inicial sem ajuda, mas não mantém o ganho no desempenho na fase de manutenção e a *não ganhadora* é aquela que não melhora o desempenho na fase de assistência em relação à fase inicial sem ajuda.

Na avaliação da Escala de Rutter foi atribuída a cada item uma pontuação de zero a dois, considerando-se: valor 0 (zero) = ausente, os itens que, na avaliação da mãe, nunca se aplicavam a seu filho; valor 1 (um) = moderado, os itens que se aplicavam ocasionalmente e valor 2 (dois) = severo, os itens que se aplicavam com certeza. Em seguida, calculava-se a pontuação geral de cada criança, para então, compará-la com a padronização de Graminha & Coelho (1994), que indica o escore maior que 16 como sugestivo da necessidade de atendimento psicológico ou psiquiátrico. Finalmente, foram calculados os coeficientes de correlação de Spearman entre os resultados na prova de Raven (percentil), WISC (QI Geral, QI Verbal e QI de Execução), Avaliação Assistida (perfil de desempenho cognitivo) e Escala de Rutter (escores total e das subáreas).

Os dados da avaliação psicométrica e avaliação assistida foram analisados por dois avaliadores independentes especializados em avaliação psicológica e treinados em avaliação assistida. Quando ocorriam dúvidas ou desacordos nos resultados um terceiro avaliador realizava avaliação independente para esclarecimento ou desempate para obtenção da avaliação final.

Resultados

A Figura 1 apresenta os resultados da avaliação intelectual dos sujeitos por meio da prova de Raven, em termos de percentil. (n = 20)

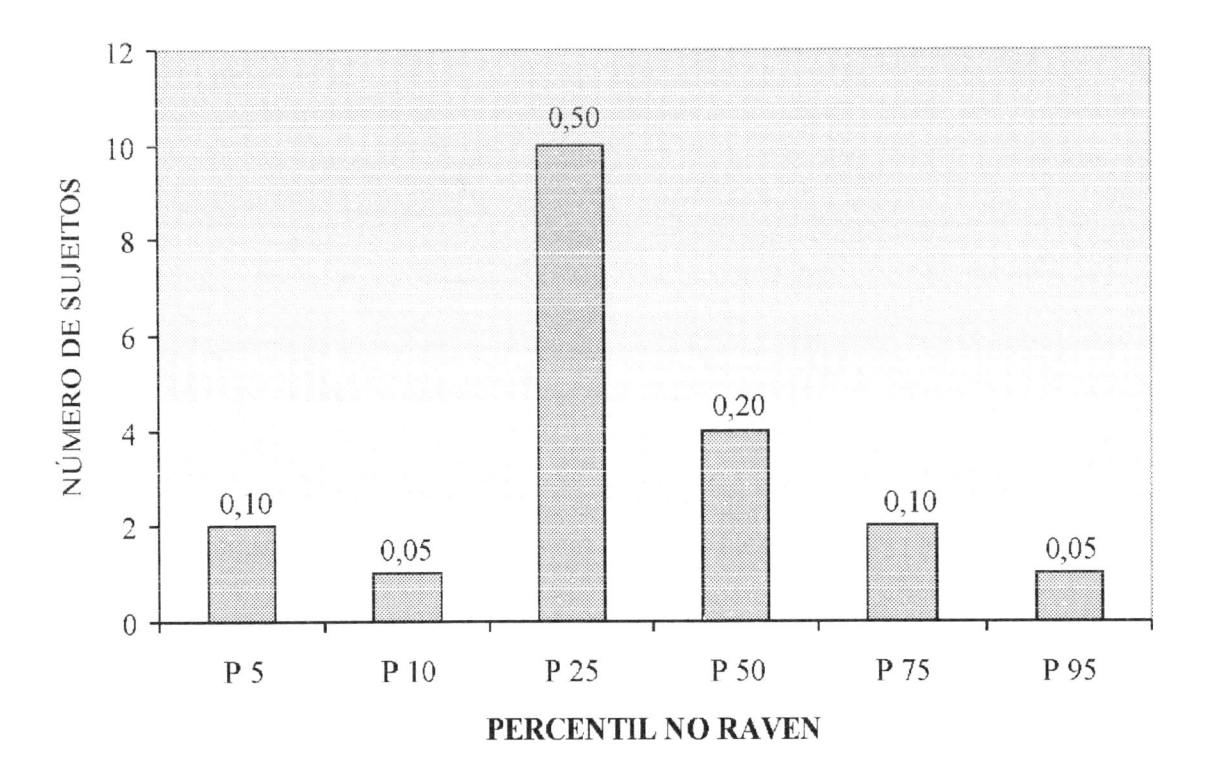

Figura 1 - Avaliação intelectual por meio do Raven – Escala Especial (n = 20)

Os resultados obtidos por intermédio da aplicação da prova de Raven reunidos na Figura 1 permitem verificar que ocorreu uma amplitude de variação do percentil 5 a 95 e houve um predomínio de crianças (65%) classificadas como *definidamente abaixo da média* ou *deficientes*. Destas, a maior parte das crianças apresentaram percentil 25, indicador de inteligência limítrofe e apenas 15% classificaram-se como deficientes mentais, segundo a padronização brasileira. Foi encontrado ainda que 35% das crianças estão na média ou acima da média na classificação intelectual da prova de Raven.

A Figura 2 apresenta os resultados da avaliação intelectual das crianças, obtidos por meio das escalas Geral, Verbal e de Execução do WISC, em termos de classificação do nível intelectual. Dos 20 sujeitos, um sujeito não conseguiu realizar a Escala Verbal, devido à deficiência auditiva.

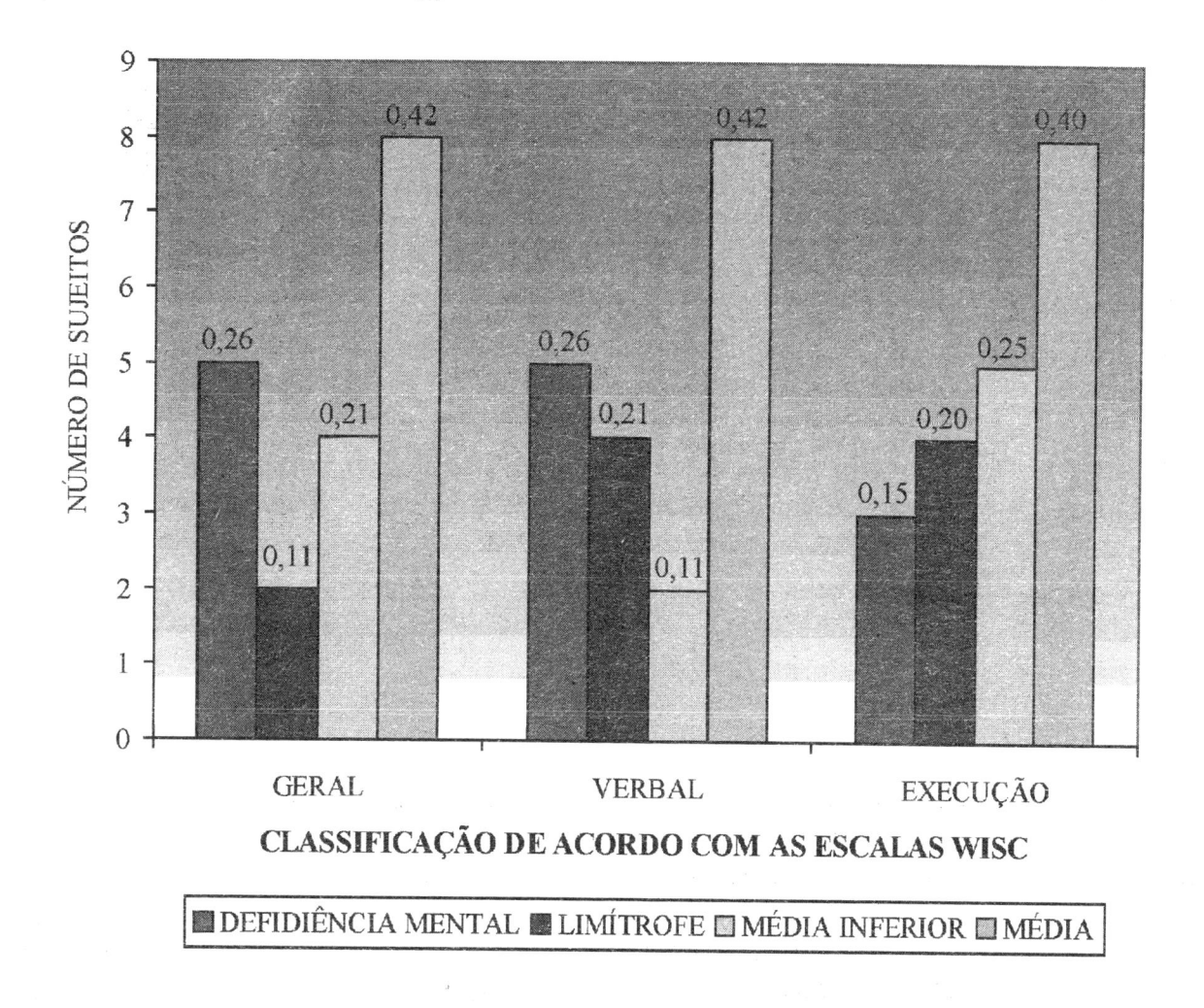

Figura 2 - Avaliação intelectual por meio do WISC – Classificação nas Escalas Geral (n = 19), Verbal (n = 19) e Execução (n = 20).

A análise dos dados referentes ao teste WISC apresentados na Figura 2 mostra que, com relação à Escala Geral, a maioria das crianças (63%) apresentou nível intelectual médio e apenas 26% classificaram-se como deficientes mentais. Na Escala Verbal, permanece a mesma tendência da Escala Geral, sendo 53% crianças com resultados na média e 26% com classificação de deficiência mental. Na Escala de Execução, por sua vez, permanece a tendência de crianças na média (65%). Entretanto, menos crianças classificaram-se como deficientes mentais (15%) em relação à Escala Verbal.

Os dados apresentados a seguir referem-se à avaliação assistida em situação de resolução de problema envolvendo estratégias de perguntas de busca de informação e restrição de alternativas. Dos 20 sujeitos, dois não realizaram esta avaliação, visto que a aplicação de tal procedimento tornou-se inviável para as crianças portadoras de deficiência auditiva, por tratar-se de procedimento que depende fundamentalmente de verbalização para a compreensão e realização da tarefa.

A Figura 3 mostra a distribuição das crianças de acordo com o perfil de desempenho cognitivo obtido por meio da avaliação assistida.

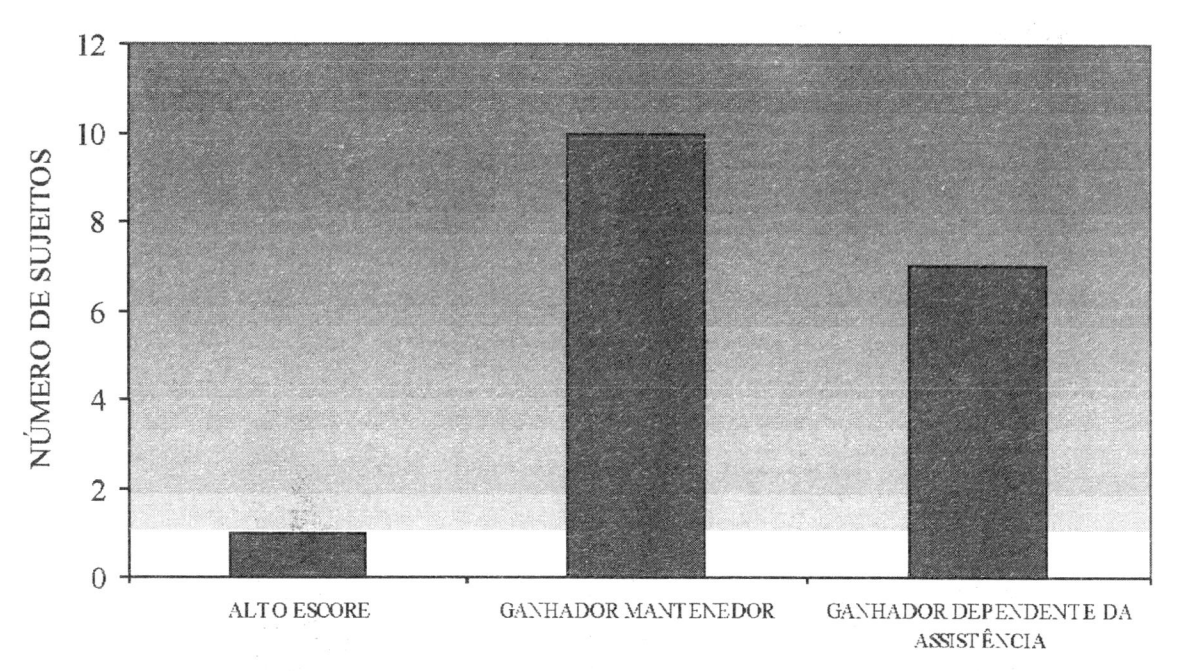

Figura 3 - Perfil de desempenho cognitivo na Avaliação Assistida (n = 18)

Levando-se em conta o desempenho de cada criança na avaliação assistida (Jogo de Perguntas de Busca com Figuras Geométricas), especificamente o número de perguntas de busca relevantes formuladas e o número de acertos quando comparadas à fase inicial sem ajuda com as fases de assistência e de manutenção, respectivamente, percebe-se que dez crianças (56%) classificaram-se como *ganhadores mantenedores*, ou seja, melhoraram seu desempenho na fase de assistência em relação à fase inicial sem ajuda, assim como mantiveram o ganho no desempenho na fase de manutenção. Outras sete crianças (38%) classificaram-se como *ganhadores dependentes da assistência* da examinadora, isto é, melhoraram seu desempenho na fase de assistência em relação à fase inicial sem ajuda mas, em contrapartida não mantiveram o ganho no desempenho na fase manutenção. Apenas uma criança classificou-se como *alto escore*, isto é, apresentou proporções de perguntas relevantes de busca e de acertos na fase inicial sem ajuda, independente da ajuda da examinadora, conseguindo mantê-las até a fase de manutenção.

Com relação à avaliação do comportamento, segundo a percepção das mães, avaliado por meio da Escala de Comportamento Infantil A2 de Rutter, verificou-se que 75% das crianças avaliadas apresentaram escores acima de 16, o que, segundo a padronização da escala realizada com escolares de Ribeirão Preto, este índice constitui-se em indicador de necessidade de atendimento psicológico ou psiquiátrico.

O escore total médio obtido na Escala de Rutter foi de 23, com amplitude de variação de 10 a 37. Os tipos de comportamentos que mais incidiram (70%), em ordem de maior ocorrência, na amostra estudada foram: agitação (85%), impaciência (80%), não permanência nas atividades (75%), agarramento à mãe (75%), dor de cabeça (75%), mau humor (75%) e preocupação (70%).

A Tabela 1 mostra os coeficientes de correlação de Spearman referentes aos resultados da avaliação dos sujeitos na prova de Raven (percentil), WISC (QI Geral, QI Verbal e QI de Execução), Avaliação Assistida (perfil de desempenho cognitivo) e Escala de Comportamento Infantil A2 de Rutter (Escore total e escores nas sub-áreas Saúde (S), Hábitos (H) e Comportamento (C).

Tabela 1 - Coeficientes de correlação de Spearman entre os resultados dos diferentes procedimentos utilizados para a avaliação cognitiva: Raven, WISC (WISC-G, WISC-V e WISC-E), Avaliação Assistida (AVASS) e Escala de Comportamento Infantil A2 de Rutter (Rutter-T, Rutter-S, Rutter-H e Rutter-C).

	RAVEN	WISC-G	WISC-V	WISC-E	AVASS	Rutter-T	Rutter-S	Rutter-H	Rutter-C
RAVEN	1,00								
WISC-G	0,61*	1,00							
WISC-V	0,53*	0,92*	1,00						
WISC-E	0,64*	0,92*	0,74*	1,00					
AVASS	0,54*	0,85*	0,81*	0,79*	1,00				
Rutter-T	-0,74*	-0,51*	-0,45*	-0,52*	-0,51*	1,00			
Rutter-S	0	0,14	0,01	0,20	0,01	0,26	1,00		
Rutter-H	-0,61*	-0,73*	-0,70*	-0,69*	-0,70*	0,81*	0,09	1,00	
Rutter-C	-0,74*	-0,44*	-0,33	-0,51*	-0,46*	0,96*	0,07	0,73*	1,00

*p ≤ 0,05

Os dados da Tabela 1 mostram correlação positiva significativa entre os procedimentos utilizados para a avaliação cognitiva, indicando que os sujeitos com os melhores resultados em um procedimento de avaliação mantêm seu desempenho nas demais provas. Pode-se afirmar que as crianças que obtêm os melhores resultados no Raven são as mesmas com os melhores desempenhos no WISC e na avaliação assistida, respectivamente, e vice-versa. Por outro lado, existe uma correlação negativa significativa entre a escala de Rutter (escore total) e as duas provas psicométricas (Raven e WISC), indicando que as crianças com os escores mais elevados na Rutter e, portanto, com indicação de problema de comportamento e com maior necessidade de atendimento psicológico ou psiquiátrico, apresentam desempenho mais rebaixado na avaliação psicométrica de inteligência. Essa correlação foi observada no WISC, especificamente nos escores das escalas Geral e de Execução. Pode ser detectada, com relação à escala Rutter, correlação negativa significativa entre os resultados na área de Hábitos e as provas psicométricas de inteligência (Raven, WISC-G, WISC-V e WISC-E), assim como entre esta área e o perfil de desempenho cognitivo na avaliação assistida. A área de Comportamento da escala Rutter, por sua vez, mostrou correlação negativa significativa com as provas Raven e WISC-E.

Discussão

A vulnerabilidade da criança nascida pré-termo com muito baixo peso (≤ 1500 gramas) constitui-se em alto risco para o desencadeamento de problemas de desenvolvimento, especialmente nas áreas cognitiva e de adaptação psicossocial, em diferentes etapas evolutivas. Considerando-se essa condição, foi desenvolvido o presente estudo, com o objetivo de avaliar aspectos cognitivos e comportamentais desse grupo de risco na média meninice, ou seja, na fase escolar.

Com relação à avaliação cognitiva, verificou-se que os resultados obtidos por meio dos testes psicométricos Raven e WISC foram coerentes entre si. Considerando-se as provas psicométricas, no Raven, metade das crianças encontram-se classificadas com percentil 25, em uma zona limítrofe à faixa de inteligência média. Na outra metade, a maior parte encontra-se na média ou acima e apenas 15% classificaram-se como deficientes. No WISC, mesmo sem ter padronização brasileira, 63% das crianças apresentaram um padrão de inteligência na média na Escala Geral e 26% das crianças classificaram-se como deficientes mentais. A mesma tendência pode ser observada nas escalas Verbal e de Execução.

Comparando-se os resultados nas duas provas, verificou-se que as crianças tendem a apresentar os mesmos níveis de desempenho nas duas provas psicométricas, em que se verifica uma correlação positiva entre esses dois procedimentos. Esses resultados corroboram os achados de diferentes autores, que encontraram deficiências cognitivas em diferentes amostras de crianças nascidas prematuras e com baixo peso, assim como crianças com recursos cognitivos, com classificações intelectuais na média ou mesmo acima da média (Smedler et al., 1992; Bradley et al., 1993; Waber & McCornick, 1995; Dammann et al., 1996; Rieck et al., 1996; Carvalho et al., 2001). Provavelmente estas últimas, quanto à esfera cognitiva, seriam crianças com sinais de resiliência, que são aquelas que enfrentam positivamente as adversidades na sua trajetória de desenvolvimento, apesar de sua condição de vulnerabilidade (Werner, 1986; Rutter, 1987; Carvalho, 2000; Bordin, 2000).

Apesar de a prematuridade e do baixo peso de nascimento, assim como as condições orgânicas adversas decorrentes (apgar baixo, PH abaixo de 7.20, hemorragia intracraniana), constituírem-se em um quadro de "estresse perinatal" (Laucht et al., 1997), correlacionando-se com deficiência cognitiva, parece ser necessário cautela no estabelecimento dessa relação.

Nem sempre essa relação de nascimento pré-termo - baixo peso e comprometimento cognitivo é linear, conforme demonstrado por Carvalho (2000) e Carvalho et al. (2001). Kalmár (1996) e Bradley et al. (1994) mostram a importância do ambiente na promoção do desenvolvimento infantil, demonstrando que a qualidade do ambiente familiar tem mais peso do que fatores de risco perinatais em sua capacidade para predizer resultados a longo prazo. Crianças nascidas pré-termo com baixo peso vivendo em condições de pobreza, mas experimentando um ambiente com três ou mais fatores protetores (variedade de estimulação, suporte emocional, responsividade parental e aceitação do comportamento infantil) são mais propensas a mostrar sinais de resiliência. O ambiente, então, assume um papel importante, na medida em que recursos externos podem ser mobilizados no sentido de promover mediação adequada a essas crianças, dando-lhes condições para a ativação dos recursos que lhes permitirão um funcionamento cognitivo dentro de parâmetros satisfatórios.

Na amostra estudada, duas crianças (10%) apresentaram deficiência sensorial auditiva, o que, certamente, influenciou os resultados obtidos pelas mesmas nas provas psicométricas de inteligência. A deficiência auditiva tem sido encontrada por outros pesquisadores em amostras de pré-termo de baixo peso (Novello et al., 1992; Gyler et al., 1993; O'Brien et al., 1995; Carvalho, 2000).

Complementando-se a avaliação tradicional psicométrica da inteligência com a abordagem de avaliação cognitiva assistida, conforme recomendação de Brown & Ferrara (1985), Swanson (1995) e Linhares et al. (1998), foram obtidas informações quanto aos indicadores de recursos cognitivos potenciais para a aprendizagem na amostra estudada. Na situação de resolução de problemas envolvendo perguntas de busca de informação e restrição de alternativas, em uma modalidade de avaliação com assistência da examinadora, verificou-se que mais da metade das crianças são "ganhadoras mantenedoras", isto é, melhoravam o seu desempenho na tarefa frente à ajuda mediada da examinadora para resolver a tarefa e mantêm os ganhos após a suspensão da ajuda. Isso indica a presença de recursos potenciais dessas crianças, com necessidade de pouco monitoramento para melhorar o seu desempenho e boa sensibilidade à instrução, conforme encontrado em outros estudos com amostras de crianças com desvantagens, tais como: dificuldade de aprendizagem, deficiência mental ou desvantagem cultural (Brown & Ferrara, 1985; Swanson, 1995; Linhares, 1996; Linhares et al., 1998; Santa Maria & Linhares, 1999; Ferriolli et al., 2001).

Observou-se outro subgrupo menor de crianças que melhoraram o desempenho com a ajuda da examinadora, mas que precisaram de maior quantidade de pistas e tempo de monitoramento para obter sucesso na resolução da tarefa. Apenas a otimização da avaliação, por meio do suporte instrucional temporário oferecido pela examinadora à criança, não foi suficiente para a manutenção da melhora do seu desempenho e de suas estratégias de resolução do problema. Essas crianças sinalizam a necessidade de mediação de aprendizagem intensiva e prolongada em relação às demais, podendo desempenhar-se melhor, desde que efetivamente mediadas em processos de intervenção do tipo educacional ou terapêutica. Cabe salientar que nenhuma criança classificou-se como "não ganhadora", diferentemente dos resultados encontrados em outros estudos com amostras de crianças deficientes mentais e/ou com dificuldade de aprendizagem (Linhares, 1996; Santa Maria & Linhares, 1999).

Observou-se neste estudo correlação positiva entre os diferentes resultados na avaliação cognitiva, indicando que: quando havia rebaixamento intelectual, verbal ou não verbal, observava-se a necessidade de maior assistência da examinadora para a criança resolver eficientemente a situação de resolução de problemas. Por outro lado, quando as crianças apresentavam desempenho médio nas avaliações psicométricas de inteligência, apresentavam bom desempenho, com manutenção de ganhos, autonomia e independência da ajuda da examinadora na tarefa de resolução de problemas.

Isso indica que as crianças com rebaixamento intelectual da amostra estudada mostraram-se pouco sensíveis à otimização da avaliação assistida, indicando poucos recursos potenciais e necessidade de maior monitoramento, diferentemente dos sujeitos com dificuldade de aprendizagem com indicação de deficiência cognitiva do estudo de Santa Maria & Linhares (1999), que revelaram um subgrupo que se beneficiava com a assistência e melhorava o seu desempenho apenas com a otimização da situação de avaliação.

Os resultados dos três procedimentos utilizados para a avaliação cognitiva são, portanto, coerentes entre si e demonstram que:

a) de maneira geral, as crianças apresentam sinais de funcionamento cognitivo com indicação de capacidades e recursos;

b) houve uma tendência a um bom desempenho cognitivo mesmo no WISC, que consiste em um teste sem padronização brasileira; mais da metade das crianças obteve classificação média de desempenho intelectual nas três escalas;

c) embora haja uma tendência favorável para o bom funcionamento cognitivo, não deve ser descartada a preocupação com as crianças que apresentam sinais de deficiência, como pode ser observado em uma parcela encontrada na amostra estudada;

d) há uma parcela de 50% de crianças com desempenho limítrofe na escala de Raven em uma "zona de risco", assim como 38% de crianças que apresentam perfil de desempenho na avaliação assistida que as classifica como "ganhadores dependentes da assistência", denotando a necessidade de monitoramento para obtenção de sucesso no desempenho de tarefa de resolução de problema.

Confirmando os recursos detectados na área cognitiva da amostra estudada quanto à aprendizagem, pode ser observado que em sua maioria esta apresenta bom desempenho escolar, cursando série compatível com a idade cronológica. Apenas duas crianças apresentam história de repetência escolar e outras duas estão em classe especial. Esses resultados demonstram que, no grupo estudado, todas as crianças estão na escola enfrentando o desafio, específico da fase da média meninice, da tarefa evolutiva de "produtividade" ou realização, formulada na teoria psicossocial de Erik Erikson (Erikson, 1950/1971) para crianças na fase escolar.

Com relação ao comportamento, avaliado por meio da Escala de Rutter, a maioria das mães relatam queixas comportamentais nos filhos, em nível sugestivo de indicação da necessidade de atendimento psicológico ou psiquiátrico. Os problemas apresentados caracterizam o padrão de comportamento da "criança difícil", com sinais de desadaptação psicossocial, envolvendo, de um lado, agitação, impaciência, não permanência nas atividades e por outro lado, oscilação de humor, preocupação e agarramento à mãe. Esses resultados corroboram os achados de Carvalho et al. (2001) e indicam a relevância que deve ser atribuída aos cuidados no manejo da regulação do comportamento e na implementação de práticas educativas adequadas às necessidades de cada criança.

Destaca-se o fato de haver correlação entre as deficiências intelectuais e problemas comportamentais. Sugere, nesse sentido, que na amostra estudada existe um subgrupo de crianças com comprometimentos tanto na esfera cognitiva quanto na comportamental, que requer intervenção especializada educacional e terapêutica para mediar o seu desenvolvimento.

Considerações Finais

As crianças nascidas pré-termo com baixo peso avaliadas neste estudo apresentam dificuldades maiores na área comportamental do que na área cognitiva, embora sejam identificadas algumas crianças com um nível intelectual limítrofe ou abaixo da média necessitando de suporte instrucional adicional mediado para ativar recursos potenciais de aprendizagem e desenvolvimento.

Confirmam ser um grupo de risco, com uma parcela que requer intervenção especializada, isto é, crianças que podem ser beneficiadas por intermédio de programas efetivos de intervenção educacional ou terapêutica. Liaw & Brooks-Gunn (1993) demonstraram que o desempenho cognitivo de crianças pré-termo com baixo peso está associado à participação precoce em programas de intervenção, os quais, segundo Achenbach (1992), devem voltar-se mais à promoção do desenvolvimento do que ao alívio de desconfortos ou à remoção de sintomas.

A condição de vulnerabilidade advinda da prematuridade e do baixo peso não pode ser considerada apenas sob o aspecto de risco ao desenvolvimento mas sim, e acima de tudo, pela identificação e busca de mecanismos protetores presentes no interjogo entre risco e recurso, conforme proposto por Lewis et al. (1988) e Linhares et al. (1999).

Assim, fica claro que a condição de baixo peso e prematuridade não deve ser considerada de maneira isolada quando se busca a compreensão do impacto no decorrer do desenvolvimento da criança. Considerá-la como fator operante de um sistema bastante complexo, em que diversos aspectos encontram-se interrelacionados em contexto específico e individual, determinando as formas de interação do indivíduo com o meio, é a maneira mais recomendável.

Referências Bibliográficas

Achenbach, T. M. (1992). Developmental psychopatology. In: M. H. Bornstein, M. E. Lamb (Ed.). *Developmental psychology*: an advanced textbook. (3ª.ed.). (pp. 629-675). Hillsdale, Lawrence Erlbaum Associates.

Angellini, A. L., Alves, I. C. B., Custódio, E. M., & Duarte, W. F. (1988). *Matrizes progressivas coloridas de Raven*: escala especial.. (Padronização brasileira). São Paulo, Casa do Psicólogo.

Bordin, M. B. M. (2000). *Aspectos cognitivos, emocionais e comportamentais na fase escolar de crianças nascidas baixo peso: estudo comparativo entre crianças muito baixo peso ($\leq$ 1500g) e crianças baixo peso limítrofe (2000 a 2500g)*. (pp.143). Ribeirão Preto, Dissertação (Mestrado) – Faculdade de Medicina de Ribeirão Preto, Universidade de São Paulo.

Bradley, R. H., Whiteside, L., Caldwell, B. M., Casey, P. H., Kelleher, K., Pope, S., Swanson, M., Barrett, K., & Cross, D. (1993). Maternal IQ, the home environment, and child IQ in low birthweight, premature children. *International Journal of Behavioral Development*, 16(1), 61-74.

Bradley, R. H., Whiteside, L., Mundfrom, D., Casey, P. H., Kelleher, K. J., & Pope, S. K. (1994). Early indications of resilience and their relation to experiences in the home environments of low birthweight, premature children living in poverty. *Child Development*, 65(2), 346-360.

Brown, A. L., & Ferrara, R. A. (1985). Diagnosing zones of proximal development In: J. V. Wertsch. (Ed.). *Culture communication and cognition*: vygotskian perspectives. (pp. 273-305). Cambridge, Cambridge University Press.

Carvalho, A. E. V. (2000). *Sobrevivência e qualidade de vida: história de desenvolvimento, aprendizagem e adaptação psicossocial de crianças nascidas pré-termo e com muito baixo peso (< 1500g) em comparação com crianças nascidas a termo*. (pp. 98). Ribeirão Preto. Dissertação (Mestrado) – Faculdade de Medicina de Ribeirão Preto, Universidade de São Paulo.

Carvalho, A. E. V., Linhares, M. B. M., & Martinez, F. E. (2001). História de desenvolvimento e comportamento de crianças prematuras e de baixo peso (<1500g). *Psicologia: Reflexão e Crítica*, 14(1), 1-33.

Dammann, O., Walther, H., Allers, B., Schröder, M., Drescher, J., Lutz, D., Veelken, N., & Schulte, F. J. (1996). Development of a regional cohort of very low-birthweight children at six years: cognitive abilities are associated with neurological disability and social background. *Developmental Medicine and Child Neurology*, 38(2), 97-108.

Erikson, E. (1971). Oito idades do homem. In: E. H. Erikson, *Infância e sociedade* (G. Amado, Trad.). Rio de Janeiro, Zahar. (Trabalho original publicado em 1950).

Ferriolli, S. T., Linhares, M. B. M., Loureiro, S. R., & Marturano, E. M. (2001). Indicadores de potencial de aprendizagem obtidos através da avaliação assistida. *Psicologia: Reflexão e Crítica*, 14(1), 35-43.

Graminha, S. S. V., & Coelho, W. F. (1994). Problemas emocionais / comportamentais em crianças que necessitam ou não de atendimento psicológico ou psiquiátrico. In: XXIV Reunião Anual de Psicologia. (pp. 263). Ribeirão Preto. *Resumos*. Sociedade Brasileira de Psicologia.

Gyler, L., Dudley, M., Blinkhorn, S., & Barnett, B. (1993). The relationship between psychosocial factors and developmental outcome for very low and extremely low birthweight infants: a review. *Australian and New Zealand Journal of Psychiatry*, 27, 62-73.

Kalmár, M. (1996). The course of intellectual development in preterm and fullterm children: an 8-year longitudinal study. *International Journal of Behavioral Development*, 19(3), 491-516.

Laucht, M., Esser, G., & Schmidt, M. H. (1997). Developmental outcome of infants born with biological and psychosocial risks. *Journal Child Psychology and Psychiatry*, 38(7), 843-853.

Lewis, R. J., Dlugokinski, E. L., Caputo, L. M., & Griffin, R. B. (1988). Children at risk for emotional disorders: risk and resource dimensions. *Clinical Psychology Review*, 8, 417-440.

Liaw, F. R., & Brooks-Gunn, J.(1993). Patterns of low-birth-weight children's cognitive development. *Developmental Psychology*, 29(6), 1024–1035.

Linhares, M. B. M. (1996). Avaliação assistida em crianças com queixa de dificuldade de aprendizagem. *Temas em Psicologia*, 1, 17-32.

Linhares, M. B. M., Santa Maria, M. R., Escolano, A. C. M., & Gera, A. A. S. (1998). Avaliação assistida: uma abordagem promissora na avaliação cognitiva de crianças. *Temas em Psicologia*, 6(3), 231-254.

Linhares, M. B. M., Carvalho, A. E. V., Bordin, M. B. M., & Jorge, S. M. (1999). Suporte psicológico ao desenvolvimento de bebês pré-termo com peso de nascimento < 1500g: na UTI neonatal e no seguimento longitudinal. *Temas em Psicologia*, 7(3), 245-262.

Novello, A. C., Degraw, C., & Kleinman, D. V. (1992). Healthy children ready to learn: an essential collaboration between health and education. *Public Health Reports*, 107(1), 3-10.

O'Brien, M., Solyday, E., & McCluskey-Fawcett, K. (1995). Prematurity and the neonatal intensive care unit. In: M. C. ROBERTS (Ed.). *Handbook of pediatric psychology*. (pp. 463-478). New York, Guilford Press.

Poppovic, A. (1949-1964). Escala Weschler de inteligência para crianças (WISC) (Tradução e adaptação brasileira). Rio de Janeiro, CEPA.

Rieck, M., Arad, I., & Netzer, D. (1996). Developmental evaluation of very-low-birthweight infants: longitudinal and cross-sectional studies. *International Journal of Behavioral Development*, 19(3), 549-562.

Rutter, M. (1987). Psychosocial resilience and protective mechanisms. *American Journal Orthopsychiaty*, 57(3), 316-331.

Santa Maria, M. R., & Linhares, M. B. M. (1999). Avaliação cognitiva assistida de crianças com indicações de dificuldades de aprendizagem escolar e deficiência mental leve. *Psicologia: Reflexão e Crítica*, 12(2), 395-417.

Smedler, A. C., Faxelius, G., Bremme, K., & Lagerström, M. (1992). Psychological development in children born with very low birthweight after severe intrauterine growth retardation: a 10-year follow-up study. *Acta Paediatrica*, 81(3), 197-203.

Swanson, H. L. (1995). Effects of dynamic testing on the classification of learning disabilities: the predictive and discriminant validity of the Swanson-Cognitive Processing Test (S-CPT). *Journal of Psychoeducational Assessment*, 13, 204-229.

Tzuriel, D., & Klein, P. S. (1987). Assessing the young child: children's analogical thinking modifiability. In: C. S. Lidz (Ed.). *Dynamic assessment*: an interactional approach to evaluating learning potential. (pp. 268-287). London, Guilford Press.

Waber, D. P., & McCornick, M. C. (1995). Late neuropsychological outcomes in preterm infants of normal IQ: selective vulnerability of the visual system. *Journal of Pediatric Psychology*, 20(6), 721-735.

Werner, E. E. A (1986). longitudinal study of perinatal risk. In: D.C. Farran & J. Mac'Kinney. *Risk in Intellectual and Psychosocial Development*. (pp. 3-27). New York, Academic Press.

-Capítulo IV-

Avaliação Assistida de Habilidades Cognitivas de Crianças com Deficiência Visual por Jogo de Perguntas de Busca com Figuras Geométricas em Crianças com Deficiência Visual (PBFG-DV)[8]

Sônia Regina Fiorim Enumo
Cecilia Guarnieri Batista

Enumo e Batista (2000) realizaram uma pesquisa com o objetivo de desenvolver um conjunto de tarefas para avaliar algumas habilidades cognitivas de crianças com deficiência visual, de forma a obter uma amostragem do seu repertório cognitivo-lingüístico. Pretendia-se, com essa proposta de avaliação, fornecer subsídios para a elaboração de programas de ensino para crianças com baixa visão e cegueira e para a avaliação periódica de crianças submetidas a programas educacionais, seja na escolaridade formal, seja em programas especiais de intervenção. Uma das provas especialmente elaborada para essa pesquisa foi o Jogo de Perguntas de Busca com Figuras Geométricas (Linhares, 1996), adaptado para Deficientes Visuais, descrito anteriormente nesta obra, cuja aplicação será aqui descrita e analisada.

Método

Participantes e Local da Coleta de Dados

Participaram dessa etapa da pesquisa, sete crianças (duas do sexo feminino e cinco do sexo masculino), entre sete anos e dez anos e dez meses de idade (Med = 9 anos e 5 meses), com deficiência visual (predominando baixa visão leve, havendo também duas crianças com cegueira), freqüentando diariamente o PRODEVI-CEPRE/UNICAMP e/ou as três séries iniciais da rede pública do Ensino Fundamental. Tratava-se de crianças de nível sócio-econômico baixo, algumas em situação bastante precária (habitação, renda familiar etc.). Na amostra inicial, tinha mais um menino de oito anos de idade, QI Verbal = 88, com cegueira, cujos distúrbios de conduta (hiperatividade, não obediência a ordens e regras, baixa capacidade de concentração e atenção) não possibilitaram a aplicação do PBFG-DV.

A Tabela 1 apresenta uma caracterização geral dessas crianças, incluindo o quadro clínico oftalmológico descrito em suas fichas de controle, identificando-se problemas congênitos, com destaque para a toxoplasmose como causa das alterações visuais, além de alterações decorrentes de distúrbios genéticos.

---

[8] Trabalho desenvolvido como parte da pesquisa de pós-doutorado, realizado com bolsa da CAPES, em 1998, no Centro de Estudos e Pesquisas em Reabilitação "Prof. Dr. Gabriel de Oliveira Souza Porto" (Cepre), vinculado à Faculdade de Ciências Médicas da Universidade Estadual de Campinas (UNICAMP), sob orientação da Profa. Dra. Cecilia Guarnieri Batista. Participaram da análise dos dados os bolsistas de PIBIC/CNPq, estudantes do curso de Psicologia da Universidade Federal do Espírito Santo- Erika da Silva Ferrão e Bruno Eduardo Silva Ferreira, e a Profª Drª Kely Maria Pereira de Paula, docente do Departamento de Psicologia Social e do Desenvolvimento e do Programa de Pós-Graduação em Psicologia. A todos envolvidos direta e indiretamente no projeto, agradecemos a colaboração.

Tabela 1. **Caracterização dos participantes**

Nome / Atendimento	Sexo	Idade (anos)	Data de Nascimento	Tipo DV	Escolaridade	Quadro Clínico
Alfabetização Cepre						
Ma	F	7;6	30/06/91	Cegueira	1ª série	Retinopatia da prematuridade.
Isa	F	8;5	27/07/90	BV moderada	1ª série	Rarefação difusa do epitélio pigmentar da retina e estreitamento do calibre dos vasos retinianos. Uso de óculos. Síndrome de Bardet-Biedl- 46,XX, inv(9) (p12;q12) herança autossômica recessiva caracterizada por retinopatia pigmentar, polidactilia pós-axial (corrigida) nos membros superiores e polissindactilia no membro inferior direito.
Jô	M	10;10	11/02/88	BV moderada	2ª série	Coriorretinite AO + desvio bilateral dos olhos; VSN decorrente de toxoplasmose. OD: -3.00 -1.50 90°; OE: - 0.90 90°. Uso de óculos.
Escola						
Mi	M	7;8	14/04/91	BV moderada	1ª série	Estrabismo convergente, nistagmo, midríase fixa bilateralmente, rarefação do epitélio pigmentar da retina em ambos os olhos. Há sugestão de etiologia genética, como mecanismo de herança autossômica recessiva. Usa óculos, com 3 graus em cada olho. Pais são primos. Não abriu os olhos ao nascimento, tendo demorado mais de uma semana. Abaulamento frontal, discreta hipoplasia malar, clinodactilia de quintos dedos e hérnia inguinal corrigida à direita.
Ed	M	9;5	24/07/89	Cegueira	1ª série	Glaucoma congênito AO; decorrente de herança autossômica recessiva; fez cirurgia de glaucoma. Buftalmo à esquerda e leucoma corneano superior e diminuição volumétrica do globo ocular à direita. Lacrimejamento constante. Nistagmo. OE- PL; OD- SPL. Tem somente percepção da luz.
Ada	M	9;10	11/02/89	BV moderada	3ª série	Nistagmo horizontal; biomicroscopia normal à direita, porém com cristalino em reabsorção com sinéquias posteriores à esquerda; fundoscopia dificultada à esquerda e presença de placa macular à direita, sugestiva de infecção congênita. Coriorretinite macular congênita por toxoplamose. Usa óculos, mas não há correção total. Desenvolvimento neuropsicomotor limítrofe. Palato estreito, diástase de músculos retos abdominais, clinodactilia de quintos quirodáctilos (semelhante à mãe).
Eve	M	9;10	25/02/89	BV grave	2.ª série	Sem dados médicos. Usa óculos.

BV= baixa visão; M= masculino; F= feminino

Material

Breve descrição das provas utilizadas

1) *WISC - Escala Verbal*, com adaptação para a população brasileira por Lemgruber e Paine (1981) - provas: Informação, Compreensão, Semelhanças, Aritmética, Vocabulário e Memória de Dígitos; aplicado a partir dos 6 anos de idade. Essas provas têm aplicação individual, sem uma ordem rigorosa. O teste é destinado a crianças entre 6 e 15 anos, sendo discriminativo para crianças com atraso escolar, que tendem a apresentar diferenças significativas quando comparadas a crianças sem problema escolar, com maior comprometimento na área verbal e em termos de resistência à distração, indicando transtornos de atenção e concentração (Linhares, Marturano, Loureiro, Machado & Lima, 1996).

2) *Jogo de Perguntas de Busca com Figuras Geométricas para Crianças com Deficiência Visual* (PBFG- DV) (Enumo & Batista, 2000) adaptado do Jogo de Perguntas de Busca com Figuras Geométricas elaborado por Linhares (1996), para ser usado por crianças com deficiência visual em fase de alfabetização - são 20 pranchas com quatro figuras geométricas cada, variando em cor/textura (azul escuro/papel sanfonado azul, amarelo/emborrachado liso amarelo, vermelho/emborrachado crespo vermelho), tamanho (grande e pequeno) e tipo de figura (quadrado, círculo e triângulo), devendo a criança fazer até 12 perguntas sobre as dimensões da figura, de forma a descobrir qual foi a figura-alvo escolhida pelo examinador, que só pode responder *Sim* ou *Não* a cada pergunta feita; é aplicado em 4 fases:

a) verificação de pré-requisitos (forma, cor/textura e tamanho) com cartões;
b) sem ajuda (SAJ) - 4 pranchas;
c) com assistência do examinador (ASS) - 12 pranchas e;
d) manutenção (MAN) - 4 pranchas; devendo a criança justificar sua escolha. O material foi apresentado em duas versões - em papel e com material emborrachado.

Procedimento

As provas foram aplicadas no CEPRE/UNICAMP, individualmente, tendo sido gravadas, filmadas e registradas manualmente em formulários próprios, que também foram reformulados durante a transcrição.

Com as crianças com cegueira e baixa visão grave foi aplicada a versão do PBFG-DV em que as figuras geométricas coladas tinham um material especial - emborrachado e papel sanfonado, nas mesmas cores e tamanho que a versão em papel - de forma que a textura substituiu as cores desta segunda versão, a qual, por sua vez, foi aplicada nas crianças com baixa visão leve.

A aplicação total dos instrumentos padronizados e assistidos foi feita em 14 sessões de cerca de 50 minutos cada, cujos dados foram organizados de acordo com o tipo de deficiência visual (cegueira e baixa visão grave/ baixa visão moderada), analisando-se a adequação do uso da avaliação assistida em deficientes visuais e do material utilizado. Os dados quantitativos foram submetidos a tratamento estatístico não-paramétrico.

Resultados

Serão apresentados os dados gerais do grupo e subgrupos (baixa visão moderada *versus* cegueira e baixa visão grave), na forma de figura e tabelas. Visando analisar a adequação da adaptação do material feita para casos de cegueira e baixa visão grave, em que o acesso ao material era feito basicamente pelo tato, foram agrupados os dados das crianças com esses tipos de deficiência visual. Dessa forma, foram analisados também, os padrões de resposta geral desse subgrupo, que respondeu à prova utilizando material tateável. Apesar desses casos, assim como os demais nessa área de deficiência visual, serem quantitativa e qualitativamente diferenciados, foi levado em consideração, ao se fazer esse agrupamento, o fato de que a cegueira total é extremamente rara, de forma que é provável que essas crianças tenham alguma visão residual, de sombra e luz, por exemplo. Por esse motivo, inclusive, foram mantidas as cores originais nas duas versões do PBFG-DV.

Desempenho no Teste padronizado

Os dados da Figura 1 indicam haver diferenças de desempenho cognitivo entre as crianças, que apresentaram resultados no WISC-Verbal, variando o QI Verbal entre 77 e 120. Assim, o QI Verbal médio do grupo ficou em 98,5, próximo da mediana (Md = 100), ambos indicadores dentro da faixa de normalidade (QI entre 90-100).

Apenas uma criança apresentou QI Verbal abaixo da faixa de normalidade - é uma menina (*Isa*), com baixa visão moderada, portadora de síndrome genética, que inclui o déficit intelectual (QI Verbal 77), além de outras alterações orgânicas. Entre as outras crianças com resultados de QI acima de 90, havia duas com cegueira (QI Verbal = 92 e 101 - *Ma* e *Ed*, respectivamente), apresentando esta última um atraso escolar de um ano, por ter entrado na escola somente aos 8 anos de idade, e um caso de baixa visão grave (*Eve* - QI Verbal = 95), igualmente com atraso escolar de um ano.

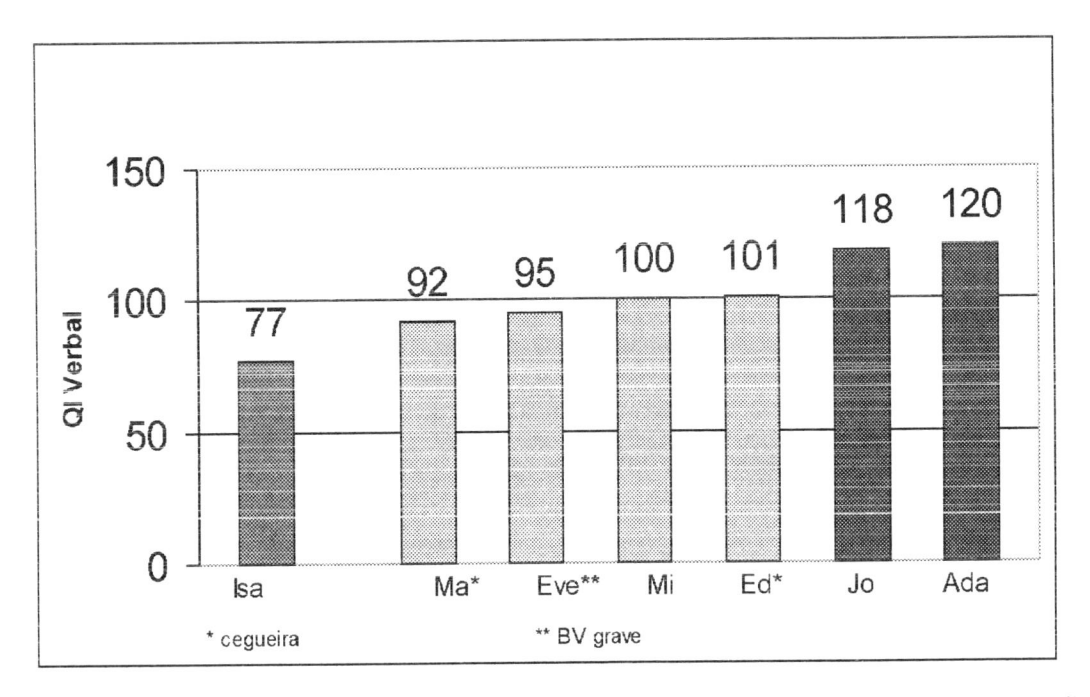

Figura 1 - Quociente de Inteligência Verbal obtidos por crianças com deficiência visual em aplicação do WISC- Verbal.

Desempenho no Jogo de Perguntas de Busca com Figuras Geométricas para Crianças com Deficiência Visual (PBFG-DV)

Na Tabela 1, comparando-se o desempenho do grupo na fase inicial sem ajuda com as fases de assistência e de manutenção, respectivamente, verifica-se que houve diferença significativa entre a proporção de perguntas relevantes. Observa-se um aumento gradual dos valores apresentados nas três fases.

Em relação aos tipos de tentativas, comparando-se as fases inicial sem ajuda, de assistência e de manutenção, observa-se um aumento significativo de tentativas de solução corretas.

Houve também uma diminuição significativa nas proporções de tentativas de solução corretas- ao- acaso apresentadas pelo grupo, comparando-se as fases inicial sem ajuda e de assistência.

Tabela 1 - Indicadores do desempenho no PBFG- DV do grupo de crianças com deficiência visual- mediana (Md), amplitude de variação (AV) das proporções de tipos de perguntas e de tentativas de solução nas diferentes fases e comparação entre fases (N = 7)

Indicadores do Desempenho no PBFG – DV	Fases						Comparações Wilcoxon, p-valor	
	SAJ		ASS		TES		SAJ ASS	SAJ MAN
	Md	AV	Md	AV	Md	AV		
Proporção dos tipos de perguntas								
Relevante	0,66	0,35 – 0,80	0,79	0,55 – 1,00	0,86	0,36 – 1,00	0,018*	0,028*
Irrelevante	0,15	0,07 – 0,28	0,10	0,00 – 0,24	0,14	0,00 – 0,35	0,233	1,000
Incorreta	0,09	0,00 – 0,26	0,05	0,00 – 0,19	0,00	0,00 – 0,14	0,128	0,090
Repetida	0,00	0,00 – 0,50	0,00	0,00 – 0,21	0,00	0,00 – 0,27	0,180	0,102
Proporção dos tipos de tentativas de solução								
Correta	0,50	0,00 – 1,00	0,75	0,33 – 1,00	1,00	0,50 – 1,00	0,028*	0,042*
Incorreta	0,00	0,00 – 0,25	0,00	0,00 – 0,50	0,00	0,00 – 0,25	1,000	0,000
Correta ao acaso	0,50	0,00 – 1,00	0,17	0,00 – 0,25	0,00	0,00 – 0,25	0,046*	0,058

SAJ= fase inicial sem ajuda; **ASS**= fase de assistência; **MAN** = fase de manutenção

*p< 0,05

Analisando-se os dados específicos para o subgrupo de crianças com cegueira e baixa visão grave, observou-se o mesmo padrão de desempenho do grupo geral: houve um aumento significativo na proporção de perguntas relevantes e nas tentativas de solução corretas entre as fases sem ajuda, de assistência e de manutenção. Houve uma diminuição significativa também entre a proporção de respostas corretas-ao-acaso.

Na Tabela 2, podem ser observados os dados individualizados de cada criança.

Tabela 2 - Tipos de perguntas por sujeito no PBFG- DV (proporção)

	DV	C.	SAJ				ASS				MAN			
			Rl	Ir	In	Re	Rl	Ir	In	Re	Rl	Ir	In	Re
M A T E R I A L I	BV moderada	Mi	0,66	0,28	0,06	0,00	0,76	0,24	0,00	0,00	0,86	0,14	0,00	0,00
		Isa	0,66	0,16	0,09	0,09	0,79	0,09	0,03	0,09	0,75	0,25	0,00	0,00
		Ada	0,80	0,14	0,06	0,00	0,85	0,10	0,05	0,00	0,92	0,08	0,00	0,00
		Jo	0,78	0,07	0,15	0,00	1,00	0,00	0,00	0,00	1,00	0,00	0,00	0,00
	Md		0,72	0,15	0,07	0,00	0,82	0,09	0,01	0,00	0,89	0,11	0,00	0,00
	AV		0,66 – 0,80	0,07 – 0,28	0,06 – 0,15	0,00 – 0,09	0,76 – 1,00	0,00 – 0,24	0,00 – 0,05	0,00 – 0,09	0,75 – 1,00	0,00 – 0,25	0,00	0,00
M A T E R I A L II	BV grave	Eve	0,61	0,15	0,24	0,00	0,84	0,10	0,06	0,00	0,92	0,00	0,08	0,00
	Cegueira	Ma	0,40	0,10	0,00	0,50	0,55	0,13	0,11	0,21	0,36	0,23	0,14	0,27
		Ed	0,35	0,16	0,26	0,23	0,58	0,23	0,19	0,00	0,65	0,35	0,00	0,00
	Md		0,40	0,15	0,24	0,23	0,58	0,13	0,11	0,00	0,65	0,23	0,08	0,00
	AV		0,35 – 0,61	0,10 – 0,16	0,00 – 0,26	0,00 – 0,50	0,55 – 0,84	0,10 – 0,23	0,06 – 0,19	0,00 – 0,21	0,36 – 0,92	0,00 – 0,35	0,00 – 0,14	0,00 – 0,27
Md Geral			0,66	0,15	0,09	0,00	0,79	0,10	0,05	0,00	0,86	0,14	0,00	0,00
AV Geral			0,35 – 0,80	0,07 – 0,28	0,00 – 0,26	0,00 – 0,50	0,55 – 1,00	0,00 – 0,24	0,00 – 0,19	0,00 – 0,21	0,36 – 1,00	0,00 – 0,35	0,00 – 0,14	0,00 – 0,27

C = criança; **DV**= tipo de deficiência visual; **BV**= Baixa visão; **SAJ**= fase inicial sem ajuda; **ASS**= fase de assistência; **MAN**= fase de manutenção; **Rl**= relevante; **Ir**= irrelevante; **In**= incorreta; **Re**= repetida; **Md**= mediana; **AV**= amplitude de variação.

Analisando-se essas duas primeiras tabelas e tendo como parâmetro o sistema de classificação de desempenho proposto por Hamilton e Budoff (1974) e definido operacionalmente por Escolano e Linhares (2000), nota-se que 3 crianças se classificaram como alto-escore, apresentando alto desempenho desde a fase sem ajuda, mantendo-o na fase de manutenção; 2 como ganhadora-mantenedora; 1 como ganhadora- dependente-de- assistência e 1 como não-ganhadora.

Tabela 3 - Proporção dos tipos de tentativas de solução, correta, incorreta e correta ao acaso realizadas nas diferentes fases do PBFG-DV por criança da amostra

	Fases									Classificação		
	Sem ajuda (SAJ)			Assistência (ASS)			Manutenção (MAN)			Perfil Desempenho	Categoria de Resposta	Níveis ajuda mais freqüente
	Cor.	Incor.	C.Ac.	Cor.	Incor.	C.Ac.	Cor.	Incor.	C.Ac.			
BV moderada												
Mi	0,75	0,00	0,25	0,75	0,17	0,08	1,00	0,00	0,00	AE	A2	OI-1
Isa	0,00	0,00	1,00	0,33	0,50	0,17	0,50	0,25	0,25	NG	A2	OD-4a
Ada	1,00	0,00	0,00	0,92	0,00	0,08	1,00	0,00	0,00	AE	A2	OI-1
Jo	0,75	0,25	0,00	1,00	0,00	0,00	0,75	0,00	0,25	AE	A1	N
BV Grave												
Eve	0,25	0,25	0,50	0,83	0,00	0,17	1,00	0,00	0,00	GM	B1	OD- 4a, 5
Cegueira												
Ma	0,33	0,00	0,67	0,75	0,00	0,25	0,50	0,25	0,25	GDA	A3	OD- 4a, 5
Ed	0,50	0,00	0,50	0,67	0,00	0,33	1,00	0,00	0,00	GM	A1	OD- 4a, 5
Md	0,50	0,00	0,50	0,67	0,00	0,33	1,00	0,00	0,00	-	-	-

AE: alto escore; **GM:** ganhador-mantenedor; **GDA:** ganhador dependente de assistência; **Md:** mediana; **A:** quando acerta tudo, ou tem predomínio de acertos, desde o início da prova; **B:** acertos, ou predomínio de acertos, após os itens iniciais; **A1:** identificação por meio de perguntas relevantes; **A2:** identificação por meio do predomínio de perguntas relevantes, mescladas a perguntas complementares (poucas perguntas irrelevantes ou palpites errados); **A3:** identificação por meio de perguntas relevantes, mescladas a perguntas complementares, irrelevantes e palpites errados, em grande proporção; **B1:** passa a identificar por intermédio de perguntas relevantes; **N:** ausência de orientação; **OI:** orientação indireta: perguntas e/ou indicações (apontar, aproximar, mostrar elementos pegando na mão etc.) que não contêm a resposta à tarefa em questão; **OD:** orientação direta (perguntas e/ou indicações que contêm a resposta esperada); **1:** *feedback* informativo; **4a:** ajuda concreta com cartões de exclusão; **5:** demonstração de um exemplo.

Analisando os níveis de ajuda utilizados durante a fase de assistência do PBFG - DV, observa-se, nas Tabelas 4 e 5, que a ajuda verbal de nível 1 foi a mais utilizada - *feedback* informativo:

a) informar quando a pergunta feita pela criança é eficiente, com poder de restrição de alternativas, e quando seguir instruções;

b) indicar o erro quando a estratégia for ineficiente, sem poder de restrição de alternativas e quando não seguir instruções;

c) analisar as estratégias de perguntas usadas pela criança (relevantes, irrelevantes, repetidas ou incorretas).

Tabela 4 - Tipos de ajuda na fase de assistência da Prova PBFG- DV (proporção)

	DV	C	Verbal				Concreta	
			1	2	3	4	Cartões	Blocos
M A T E R I A L I	BV moderada	Mi	0,67	0,00	0,07	0,00	0,27	0,00
		Isa	0,39	0,03	0,19	0,03	0,35	0,00
		Ada	1,00	0,00	0,00	0,00	0,00	0,00
		Jo	0,00	0,00	0,00	0,00	0,00	0,00
	Md		0,53	0,00	0,03	0,00	0,31	0,00
	AV		0,00 – 1,00	0,00 – 0,03	0,00 – 0,19	0,00 – 0,03	0,00 – 1,00	0,00
M A T E R I A L II	BV grave	Eve	0,69	0,09	0,09	0,00	0,13	0,00
	Cegueira	Ma	0,71	0,17	0,00	0,00	0,08	0,04
		Ed	0,61	0,31	0,00	0,00	0,07	0,00
	Md		0,69	0,17	0,00	0,00	0,08	0,00
	AV		0,61 – 0,71	0,09 – 0,31	0,00 – 0,09	0,00	0,07 – 0,13	0,00 – 0,04
Md Geral			0,67	0,03	0,00	0,00	0,13	0,00
AV Geral			0,00 – 1,00	0,00 – 0,31	0,00 – 0,19	0,00 – 0,03	0,00 – 1,00	0,00 – 0,04

BV = baixa visão **Md** = mediana **AV** = amplitude de variação; **C**= Crianças; Material II= tateável

Para as crianças com baixa visão moderada, a ajuda concreta foi oferecida após esgotar as tentativas de ajuda verbal; consistiu no uso de material concreto de apoio ao raciocínio dedutivo de exclusão:

a) *cartões para exclusão*: cartões em branco para esconder os estímulos do cartão que vão sendo eliminados por meio das respostas da examinadora;

b) *blocos lógicos:* adicional concreto de memória para ajudar a concretizar o raciocínio de exclusão de alternativas: emparelhar os blocos com as figuras do cartão e conforme a criança pergunta e a examinadora responde, os blocos são retirados do campo visual da criança.

Tabela 5 - Números de cartões de acordo com tipo de mediação utilizada na fase de assistência do PBFG-DV (nº de cartões = 12)

Material	DV	Crianças	Sem Ajuda	Ajuda Verbal	Ajuda Concreta
I	BV moderada	Mi	2	10	0
		Isa	0	1	11
		Ada	8	4	0
		Jo	12	0	0
II	BV grave	Eve	6	3	3
	Cegueira	Ma	0	1	11
		Ed	1	7	4
Total			29	26	29

DV = deficiência visual; **BV** = baixa visão

Para as crianças com cegueira ou com baixa visão grave, a mediação da examinadora, durante a fase de assistência, baseou-se em um gradiente de 1 a 3, para ajuda verbal e um nível de ajuda concreta (Blocos Lógicos). O último nível de ajuda verbal, a demonstração de um exemplo, foi necessária para três crianças, uma com baixa visão grave e duas com cegueira. Como foi explicado na apresentação desta adaptação do PBFG-DV, foi necessário o uso do cartão de exclusão, a critério da criança, para eliminar as alternativas excluídas, deixando as demais figuras acessíveis ao tato, para a criança melhor raciocinar. Da mesma forma, o nível 2 de ajuda- *análise comparativa* do PBFG-DV não foi considerado como um tipo de ajuda a ser dado pelo examinador, pois, para apreensão do conjunto de figuras existentes na prancha, a criança com cegueira ou com baixa visão grave tinha que, inicialmente, tatear, nomear e comparar as figuras entre si, constituindo-se, assim, um pré-requisito para execução da prova (Tabela 5). Os itens computados apenas como ajuda concreta também tiveram ajuda verbal anterior.

Analisando a ajuda verbal dispensada durante a fase de assistência, foi feito o cálculo de proporção entre os quatro possíveis níveis de ajuda verbal. Do mesmo modo, quando foi dada ajuda concreta, calculou-se a proporção entre os dois tipos de ajuda concreta (vide Tabela 4).

Os dados da Tabela 6 mostram que as crianças com cegueira/baixa visão grave aumentaram o número de operações cognitivas facilitadoras após a fase de ajuda, tornando-se mais reflexivos (*Ma*, *Eve*), encadeando melhor as questões (*Ed*, *Eve*) e fazendo autocorreção (*Eve*). Todas as crianças com baixa visão leve também aumentaram esse número, com exceção de *Isa*.

Tabela 6 - Comparação das operações cognitivas facilitadoras utilizadas na resolução do problema nas fases sem ajuda e de manutenção – PBFG- DV (nº de operações = 8)

Operações Cognitivas	BV moderada								Cegueira				BV grave	
	Mi		Isa		Ada		Jo		Ma		Ed		Eve	
	SAJ	MAN	SAJ	MAN	SAJ	MAN	SAJ	MAN	SAJ	MAN	SAJ	MAN	SAJ	MAN
Conduta Reflexiva	1	1	-	-	1	1	1	1	-	1	1	1	-	1
Percepção clara	1	1	-	-	1	1	1	1	1	1	-	1	1	1
Percepção Integrativa	1	1	1	1	1	1	1	1	1	-	1	1	1	1
Conduta Comparativa	-	1	1	-	1	1	1	1	1	1	1	1	1	1
Identificação de Relevância	1	1	1	-	1	1	1	1	1	1	1	1	-	1
Encadeamento Lógico questões	-	1	1	-	1	1	1	1	-	-	-	1	-	1
Autocorreção	1	1	-	1	1	1	1	1	1	1	1	1	-	1
Comunicação Precisa	1	1	1	1	1	1	1	1	1	1	1	1	1	1
Total/criança	6	8	5	3	8	8	8	8	6	6	6	8	4	8
Md subgrupo em cada fase	SAJ= 7 MAN= 8								SAJ= 6 ASS= 8					
AV	SAJ= 5 – 8 MAN= 3 – 8								SAJ= 4 – 6 MAN= 6 – 8					
Md grupo	SAJ= 6 MAN= 8													
AV	SAJ= 4 – 8 MAN= 3 – 8													

F = facilitadora; MAN= fase de manutenção; SAJ= sem ajuda; AV= Amplitude de variação

Os comportamentos das crianças durante a aplicação do PBFG-DV foram classificados segundo proposta de Santa Maria (1999), a partir da Escala de Machado, Figueiredo e Selegato (1989).

A Tabela 7 mostra o padrão de comportamento das crianças nas fases inicial sem ajuda (SAJ) e de manutenção (MAN) no PBFG-DV. A mediana de comportamentos positivos do grupo de baixa visão moderada foi maior do que das crianças com cegueira/baixa visão grave desde a fase inicial. Na fase de manutenção, entretanto, os dois grupos apresentaram um menor número de comportamentos facilitadores. Nesta última fase, entre as crianças com baixa visão moderada, *Isa* e *Jo* mostraram cansaço; *Isa*, particularmente, passou a responder num ritmo mais lento, utilizando um método de trabalho confuso e não persistente, demonstrando desinteresse. Entre as crianças com cegueira, *Ma* apresentou o menor número de comportamentos facilitadores, estando, desde a fase inicial sem ajuda inquieta, dispersiva, com um método de trabalho não persistente, além de pouco participativa na tarefa (desinteressada); piorando na fase de manutenção. *Ed* também mostrou cansaço na fase de manutenção, perdendo a concentração e o interesse.

Os dados sugerem que as crianças com maior comprometimento visual ou neurológico, como é o caso de *Isa*, cansam-se mais facilmente, perdendo o interesse pela prova e alterando seu ritmo e método de trabalho.

Tabela 7 - Comportamento geral de cada criança durante a tarefa- PBFG- DV

Comportamento durante a tarefa	BV leve								Cegos e				BV grave	
	Mi		Isa		Ada		Jo		Ma		Ed		Eve	
	SAJ	MAN	SAJ	MAN	SAJ	MAN	SAJ	MAN	SAJ	MAN	SAJ	MAN	SAJ	MAN
Disciplina														
Inquieto	-	-	-	-	-	-	-	0	0	0	-	-	-	-
Sossegado	1	1	1	1	1	1	1	-	-	-	1	1	1	1
Tenso	-	-	-	-	-	-	-	-	-	0	-	-	-	-
Relaxado	1	1	1	1	1	1	1	1	1	-	1	1	1	1
Socialização														
Retraído	-	-	-	-	-	-	-	-	-	-	-	-	-	-
Participativo	1	1	1	1	1	1	1	1	1	1	1	1	1	1
Participação na tarefa														
Desinteressado	-	-	-	0	-	-	-	-	-	0	-	0	-	-
Interessado	1	1	1	---	1	1	1	1	1	-	1	-	1	1
Dispersão	-	-	-	-	-	-	-	-	0	0	-	0	0	-
Concentração	1	1	1	1	1	1	1	1	-	-	1	-	-	1
Método de trabalho														
Confuso	-	-	-	0	-	-	-	-	-	-	-	-	-	-
Orientado	1	1	1	-	1	1	1	1	1	1	1	1	1	1
Descuidado	-	-	-	-	-	-	-	-	-	0	-	-	-	-
Cuidadoso	1	1	1	1	1	1	1	1	1	-	1	1	1	1
Não-persistente	-	-	-	0	-	-	-	-	0	0	-	-	0	-
Persistente	1	1	1	-	1	1	1	1	-	-	1	1	-	1
Ritmo de trabalho														
Cansaço	-	-	-	0	-	-	-	0	-	0	-	0	-	-
Disposição	1	1	1	-	1	1	1	-	1	-	1	-	1	1
Lento	-	-	-	0	-	-	-	-	-	-	-	-	-	-
Rápido	1	1	1	-	1	1	1	1	1	1	1	1	1	1
Total	10	10	10	5	10	10	10	8	7	3	10	7	8	10
Md de P por subgrupo	SAJ= 10 (AV= 10) MAN= 9 (AV= 5-10)								SAJ= 8 (AV= 7-10) MAN= 7 (AV= 3-10)					
Md de P do grupo	SAJ= 10 (AV= 7-10) MAN= 8 (AV= 3-10)													

BV= baixa visão; **Md**= mediana; **AV**= amplitude de variação.

Na Tabela 8, percebe-se que existem diferenças significativas entre os resultados apresentados no teste padronizado (WISC) e os resultados apresentados na avaliação assistida. No entanto, devido ao pequeno número de participantes, não foi possível identificar a direção desses dados, não podendo se afirmar que um maior resultado no QI possa estar relacionado a um maior resultado no PBFG-DV, por exemplo.

Tabela 8 - Comparação entre resultados obtidos no WISC-Verbal (QI Verbal) e na fase de manutenção do PBFG-DV pelas crianças com DV

Provas Comparadas (WISC- Verbal X fase teste demais provas)	Teste não-paramétrico de Wilcoxon	Valor de p
Proporção de acertos na fase MAN do PBFG -DV	-2,366	0,018*
Proporção de acertos ao acaso na fase MAN do PBFG - DV	-2,366	0,018*
Proporção de respostas incorretas na fase MAN do PBFG -DV	-2,366	0,018*

*$p < 0,05$

Discussão

O aspecto central deste trabalho reside na análise da adequação do uso de *avaliação assistida* para a população com deficiência visual. Este tipo de avaliação mediada ou assistida inclui a proposição de uma situação de mini-aprendizagem durante a avaliação, sendo utilizada especialmente com populações em risco de desenvolvimento ou aprendizagem escolar e minorias culturais (Linhares, 1998). Neste contexto, tem se mostrado sensível para a identificação de crianças que têm maior ou menor facilidade para aprender e seus estilos cognitivos (Cunha, 2004; Escolano, 2000; Ferriolli, 2000; Santa Maria & Linhares, 1999).

Na presente pesquisa, o uso da avaliação assistida mostrou diferenças significativas no desempenho das crianças com deficiências visuais, em fase de alfabetização, no Jogo de Perguntas de Busca com Figuras Geométricas para Crianças com Deficiência Visual, adaptado de Linhares (1996). Neste jogo, houve um aumento de perguntas relevantes e corretas, diminuindo-se os acertos obtidos por acaso, assim como aumentou o uso de operações cognitivas positivas entre as fases (sem ajuda, assistência, manutenção). As crianças com maior comprometimento visual ou neurológico, entretanto, cansaram-se mais facilmente, perdendo o interesse pela prova e alterando seu ritmo e método de trabalho.

De um modo geral, o procedimento de avaliação assistida aqui analisada necessita revisão no tamanho e duração, especialmente para pré-escolares e baixa visão grave/cegueira, uma vez que essas crianças apresentaram cansaço, baixa concentração, fadiga visual e queda de desempenho na fase de manutenção.

A análise do procedimento de avaliação assistida mostrou ser sensível para a identificação de crianças que têm maior ou menor facilidade para aprender e seus estilos cognitivos. Apesar de algumas provas não terem apresentado diferenças significativas entre os dados de grupo nas fases sem ajuda e de manutenção, os dados individuais mostram diferenças entre as fases e entre as crianças, com potencial utilidade na indicação de caminhos para a intervenção.

Analisando qualitativamente o desempenho das crianças que tiveram um resultado menor no WISC-Verbal, constata-se que também apresentaram maiores dificuldades na avaliação assistida, necessitando de mais ajuda do adulto para a compreensão das regras envolvidas nas tarefas, menor capacidade para discriminar aspectos relevantes do estímulo e para isolá-lo dos demais aspectos envolvidos na situação, além de uma menor capacidade de atenção e concentração. Esses dados estão em consonância com aqueles obtidos por Linhares, Santa Maria, Escolano e Gera (1998).

A comparação estatística entre os resultados obtidos no WISC-Verbal e na avaliação assistida também por meio do PBFG-DV mostrou que existem diferenças significativas; porém, devido ao pequeno número de sujeitos da amostra, não foi possível identificar a tendência ou direção dessa relação. Seria necessário replicar o estudo com um número maior de participantes, caso se queira afirmar algo sobre essa relação entre provas estáticas e assistidas, a exemplo do trabalho de Escolano (2000) e Dias (2004).

Mesmo assim, pode-se considerar que a avaliação possibilitou identificar também, aspectos específicos observados no desempenho (uso de recursos de atenção, cooperação durante a tarefa etc.), dando indicações específicas para o planejamento das estratégias de intervenção de modo a favorecer o desenvolvimento das habilidades atrasadas e fazendo diferenciações intragrupo. Outro aspecto positivo evidenciado nesse tipo de avaliação reside na grande proporção de acertos, decorrente da facilidade dos itens das provas, o que ajuda a evitar frustração resultante do fracasso (comum a portadores de deficiências).

Nesse sentido, a prova assistida mostra-se mais útil do que o uso de testes psicométricos para essa população (no caso, o WISC Verbal), os quais permitem classificar as crianças em relação aos pares videntes e atende às necessidades de pesquisa, mas são pouco informativos sobre particularidades de desempenho das crianças em situação de aprendizagem. O QI Verbal médio do grupo de 98,5, por exemplo, apesar de se localizar na faixa de normalidade, está em acordo com resultados mais baixos geralmente obtidos por crianças com deficiências visuais, quando submetidas a este tipo de avaliação intelectual, que utiliza testes padronizados de inteligência, como indicado pela literatura da área.

Mesmo assim, é um resultado na média da população em geral, de forma que o atraso escolar de algumas crianças da amostra não parece decorrer de dificuldades cognitivas básicas. Permite-se aqui questionar a influência de outras variáveis envolvidas no processo de ensino-aprendizagem, como a adequação das condições de ensino às peculiaridades dessas crianças.

Esses casos levantam a questão da necessidade de um atendimento educacional adequado às suas características individuais. Pode-se, assim, identificar uma grande variação na capacidade intelectual dessas crianças, que inicialmente foram incluídas numa categoria ampla de portadores de deficiência visual.

Procurando responder a uma pergunta básica a essa área: se a deficiência visual é um fator significativo ou diferenciador no desempenho de habilidades cognitivas dessas crianças - foi aplicado teste estatístico não-paramétrico, comparando os resultados obtidos pelos dois grupos de crianças em cada prova (baixa visão grave/cegueira e baixa visão moderada ou leve). Apesar do pequeno número de participantes, a análise dos dados indica não existir diferenças no desempenho cognitivo dessas crianças com diversos distúrbios visuais, entre eles a cegueira, seja no teste psicométrico ou na avaliação assistida.

Em termos qualitativos, entretanto, a análise do comportamento das crianças durante a aplicação da avaliação assistida indica que nesse campo podem existir diferenças entre as crianças com maior gravidade de deficiência visual (baixa visão grave e cegueira) e aquelas com baixa visão moderada ou leve. Estas apresentaram uma maior proporção de comportamentos facilitadores durante a avaliação: participavam mais da tarefa, com mais interesse, adotando um método de trabalho mais organizado, sendo inclusive mais persistentes e, por conseguinte, mais rápidas e concentradas.

Sobre a adequação do material tateável, pode-se concluir que foi reconhecível e agradável em termos táteis para as crianças com cegueira, agradável visualmente para a examinadora e com materiais facilmente encontrados no mercado. Pode-se deduzir a partir dos dados que comparam o desempenho das crianças com cegueira/baixa visão grave, moderada ou leve, não se encontrando diferenças significativas, que a adaptação do material, substituindo a dimensão cor pela textura, para a mesma prova, mostrou ser adequada e equivalente em termos de habilidades cognitivas exigidas pela tarefa.

De qualquer maneira, esta análise dos dados indica que a proposta de avaliação em estudo pode contribuir com o processo de análise e identificação do potencial de crianças com deficiência visual, sugerindo direções para o processo de intervenção no desenvolvimento. A título de esclarecimento e comprovando o seu potencial, informamos que esta pesquisa derivou nova proposta de avaliação de habilidades cognitivas para crianças com deficiência visual, atualmente em uso no CEPRE- UNICAMP (Batista, 2000), e uma proposta de registro e análise do comportamento do mediador (Enumo, Cunha, Paula & Dias, 2002), baseada na Escala de Avaliação da Experiência Mediada- *Mediated Learning Experience Rating Scale*, de Lidz (1991), tendo sido utilizado o PBFG-DV em recente pesquisa com crianças com baixa visão leve (Cunha, 2004).

Referências Bibliográficas

Batista, C. G. (2000). Avaliação assistida do desenvolvimento de crianças com deficiência visual. In Associação Nacional de Pesquisa e Pós-Graduação em Psicologia (Org.). *Anais do VII Simpósio de Pesquisa e Pós-Graduação da ANPEPP* (pp. 34-35). Serra Negra, SP: ANPEPP.

Cunha, A. C. B (2004). *Avaliação cognitiva de criança com baixa visão leve por procedimrnto tradicional e asssitido e suas relações com comportamento e mediação materna*. Tese de Doutorado não publicada. Programa de Pós- Graduação em Psicologia, Universidade Federal do Espírito Santo, Vitória, ES.

Dias, T. L. (2004). *Criatividade em crianças com dificuldade de aprendizagem: Avaliação e intervenção através de procedimentos tradicional e assistido*. Tese de Doutorado não publicada, Programa de Pós-Graduação em Psicologia, Universidade Federal do Espírito Santo, Vitória, ES.

Enumo, S. R. F., & Batista, C. G. (2000). Evaluation of cognitive abilities of visually impaired children. In C. Stuen, A. Arditi, A. Horowitz, M. A. Lang, B. Rosenthal, & K. R. Seidman (Eds.), *Vision rehabilitation*: assessment, intervention and outcomes. (pp. 379-381). New York, Swets & Zeitlinger Publishers.

Enumo, S. R. F., Cunha, A. C. Paula, K. M., & Dias, T. L. (2002) Comportamentos do mediador e da criança com deficiência visual na avaliação asssitida de habilidades cognitivas. *Temas em Psicologia, 10* (1), 71-84.

Escolano, A. C. M. (2000). *Avaliação cognitiva assistida em situação de resolução de problema na predição do desempenho escolar de crianças de primeira série do primeiro grau*. (pp.120). Dissertação de Mestrado não publicada, Faculdade de Filosofia, Ciências e Letras de Ribeirão Preto, Universidade de São Paulo, Ribeirão Preto, SP.

Escolano, A. C. M., & Linhares, M. B. M. (2000). Avaliação cognitiva assistida em situação de resolução de problema na predição do desempenho escolar de crianças de primeira série do primeiro grau. In Z. M. M. Biasoli-Alves (Org.), *III Seminário de Pesquisa - Tomo II*. (pp. 55-63). Ribeirão Preto: Programa de Pós-Graduação em Psicologia FFCLRP.

Ferriolli, S. H. T. (2000). *Indicadores de potencial cognitivo de crianças com queixa de dificuldade de aprendizagem, obtidos através da avaliação assistida*. (pp. 190). Dissertação de Mestrado não publicada, Faculdade de Filosofia, Ciências e Letras de Ribeirão Preto, Universidade de São Paulo, Ribeirão Preto, SP.

Hamilton, J. L. & Budoff, M. (1974). Learning potential among the moderately and severely mentally retarded. *Mental Retardation. Aug.*, 33-36.

Lemgruber, V., & Paine, P. A. (1981). Adaptação brasileira da escala verbal do WISC. *Arquivos Brasileiros de Psicologia, 33*(1-2), 32-56.

Lidz, C. S. (1991). *Practitioner's guide to dynamic assessment*. New York, Guilford Press.

Linhares, M. B. M. (1996). Avaliação assistida em crianças com queixa de dificuldade de aprendizagem. *Temas em Psicologia, 4* (1), 17–32.

Linhares, M. B. M. (1998). Avaliação assistida de crianças com queixa de dificuldade de aprendizagem: indicadores de eficiência e transferência de aprendizagem em situação de resolução de problemas. In: A. W. Zuardi, E. M. Marturano, M. A. C. Figueiredo, S. R. Loureiro (Org.), *Estudos em Saúde Mental*. (pp. 121-147). Ribeirão Preto: Comissão de Pós-graduação em Saúde Mental - FMRP/USP.

Linhares, M. B. M., Marturano, E. M., Loureiro, S. R., Machado, V. L. S., & Lima, S. A. (1996). Crianças com queixa de dificuldade escolar que procuram ajuda psicológica: avaliação intelectual através do WISC. *Estudos de Psicologia,* 13(1), 27-39.

Linhares, M. B. M., Santa Maria, M. R., Escolano, A. C. M., & Gera, A. A. S. (1998). Avaliação assistida: uma abordagem promissora na avaliação cognitiva de crianças. *Temas em Psicologia*, 6(3), 231-254.

Machado, V. L. S., Figueiredo, M. A. C., & Selegato, M. V. (1989). Caracterização do comportamento de alunos, em sala de aula, através de escalas de desempenho. *Estudos de Psicologia*, 6(1), 50-76.

Santa Maria, M. R. (1999). *Avaliação cognitiva assistida de crianças com indicação de dificuldade de aprendizagem escolar e deficiência mental*. (pp. 62). Dissertação de Mestrado não publicada, Faculdade de Medicina de Ribeirão Preto, Universidade de São Paulo, Ribeirão Preto, SP.

Santa Maria, M. R., & Linhares, M. B. M. (1999). Avaliação cognitiva assistida de crianças com indicações de dificuldades de aprendizagem escolar e deficiência mental leve. *Psicologia: Reflexão e Crítica*, *12* (2), 395-417.

-Capítulo V-

Indicadores de Potencial de Aprendizagem obtidos por meio da Avaliação Assistida[9]

Silvia Helena Tortul Ferriolli
Maria Beatriz Martins Linhares
Sonia Regina Loureiro
Edna Maria Marturano

Objetivo

O presente estudo teve por objetivo identificar indicadores de potencial cognitivo em um grupo de crianças encaminhadas para atendimento psicológico apresentando queixa de dificuldade de aprendizagem escolar, por meio de procedimento combinado de avaliação, utilizando teste psicométrico de inteligência e situação estruturada de avaliação cognitiva assistida, sendo esta última realizada antes e após um período de intervenção psicopedagógica de curta duração.

Método

Participantes

Foram avaliadas 20 crianças (12 meninos e 8 meninas), de oito a 11 anos (Md = 8 anos e 10 meses), alunas de primeira à quarta série (Md = 3ª série) do ensino fundamental de escola pública, com queixa de dificuldade de aprendizagem escolar, encaminhadas para atendimento psicológico junto a um Ambulatório de Psicologia Infantil do Hospital das Clínicas da FMRP.

As crianças não apresentavam problemas neurológicos, genéticos ou psiquiátricos e não estavam recebendo atendimento especializado para dificuldades de aprendizagem em outro serviço.

Material

Foram utilizados os seguintes materiais: *Matrizes Progressivas Coloridas de Raven- Escala Especial* (Angelini et al., 1987); *Jogo de Perguntas de Busca com Figuras Diversas (PBFD)* (Gera & Linhares, 1998); gravador e fitas cassetes. A descrição do Jogo de Perguntas de Busca com Figuras Diversas encontra-se no Anexo A.

---

[9] Este capítulo faz parte da Dissertação de Mestrado da primeira autora com orientação da segunda, junto ao Programa de Pós-Graduação em Psicologia da FFCLRP-USP, com subvenção da CAPES. Artigo publicado na íntegra no periódico *Psicologia: Reflexão e Crítica*. 14 (1), 35-43, 2001. Porto Alegre. As autoras agradecem a autorização da Editora para reprodução.

Procedimento

Coleta de Dados

O esquema de coleta de dados incluiu duas etapas distintas. Na primeira etapa do procedimento, foram realizadas duas sessões de avaliação cognitiva: na primeira sessão, aplicou-se o Raven segundo as normas de padronização brasileira. Na segunda sessão, que ao longo deste trabalho será denominada *avaliação*, foi aplicado o procedimento de avaliação cognitiva assistida em situação de resolução de problemas, utilizando-se o *Jogo de Perguntas de Busca com Figuras Diversas* (Gera & Linhares, 1998).

A segunda etapa do procedimento de avaliação cognitiva (denominada *reavaliação*), ocorreu após uma intervenção psicopedagógica de curta duração[10], quando as crianças foram reavaliadas por meio do mesmo procedimento de avaliação assistida utilizado na primeira etapa (*avaliação*).

O procedimento de avaliação assistida em situação de resolução de problemas foi delineado segundo o método estruturado (Campione & Brown, 1990; Linhares, 1998; Tzuriel & Klein, 1987), incluindo as seguintes fases durante a avaliação: Inicial sem Ajuda (SAJ), Assistência (ASS) e Manutenção (MAN). Na fase inicial sem ajuda, foi avaliado o desempenho real da criança, uma vez que esta trabalhou sozinha de forma independente, segundo instruções padronizadas.

A fase de assistência, por sua vez, tem por objetivo avaliar indicadores de desempenho potencial da criança, quando ela está trabalhando em conjunto com a examinadora. Nesta fase, era oferecido pela examinadora um suporte instrucional adicional, temporário e ajustável ao desempenho da criança, com o objetivo de melhorar as condições de avaliação e, conseqüentemente, favorecer a revelação de indicadores de desempenho potencial e de autonomia em situações de resolução de problemas. A mediação da aprendizagem era realizada por intermédio de cinco níveis de ajuda crescentes, regulados de acordo com a necessidade da criança. Os cinco níveis de ajuda, em ordem crescente de assistência da examinadora eram os seguintes: *feedback informativo, análise comparativa, exemplo de pergunta relevante, retirada dos cartões* e *demonstração de um modelo de pergunta* (Santa Maria & Linhares, 1999). O avanço para um nível superior de mediação não excluía a possibilidade de utilização de níveis anteriores, uma vez que esses podem ser cumulativos. As definições e exemplos dos níveis de ajuda encontram-se no Anexo B.

A fase de manutenção tem por objetivo avaliar o nível de desempenho da criança quanto à manutenção da aprendizagem das estratégias de perguntas de busca de informação. Nesta fase, a ajuda era suspensa e a criança devia novamente resolver a tarefa sozinha, segundo as instruções padronizadas, sem intervenções adicionais da examinadora.

As sessões de avaliação assistida foram gravadas e as verbalizações da criança e da examinadora foram posteriormente transcritas para análise do desempenho da criança na tarefa.

Análise dos Dados

O desempenho no Raven foi avaliado de acordo com as normas de padronização brasileira, em termos de percentil.

Os indicadores de desempenho na tarefa de resolução de problemas (PBFD), tanto na *avaliação* quanto na *reavaliação*, foram quantificados em termos de taxa ou proporção, quanto a: número de perguntas de busca

---

[10] O trabalho de intervenção psicopedagógica foi realizado no Ambulatório de Psicologia Infantil do HCFMRP, com grupos de no máximo quatro crianças, que eram atendidos uma vez por semana, de acordo com a perspectiva desenvolvimentista proposta por Linhares (1998b). O número total de atendimentos variou de 11 a 15 sessões, com duração de noventa minutos cada uma.

formuladas, relevância das estratégias de perguntar por sua eficiência ou poder de restrição de alternativas e tipos de tentativas de solução (Linhares, 1996; Santa Maria & Linhares, 1999). Com base nesses dados, foi realizada uma análise comparativa das estratégias de solução de cada sujeito, apresentadas na fase SAJ em relação às fases ASS e MAN, respectivamente. A significância das comparações entre as diferentes fases foi verificada por meio da prova não paramétrica de Wilcoxon para amostras pareadas ($p \leq 0,05$). Foram identificados, tanto na *avaliação* quanto na *reavaliação*, perfis de desempenho cognitivo potencial individual de cada criança, podendo ser: a) *alto-escore*, crianças que apresentavam bom desempenho logo na fase inicial sem ajuda, e que mantinham o bom desempenho na fase de manutenção; b) *ganhador mantenedor*, crianças que demonstravam melhora no desempenho cognitivo na fase de assistência e mantinham essa melhora na fase de manutenção; c) *ganhador dependente da assistência*, crianças que melhoravam seu desempenho com a ajuda da examinadora mas não mantinham a melhora após a suspensão da ajuda na fase de manutenção e d) *não ganhador*, crianças que não melhoravam ou apresentavam pouca melhora no seu desempenho, não a mantendo após a suspensão da ajuda da examinadora (Santa Maria & Linhares, 1999). Esses perfis foram definidos operacionalmente por Escolano (2000).

Os perfis de desempenho cognitivo de cada criança obtidos na *avaliação* foram comparados com os obtidos na *reavaliação* por meio do teste não paramétrico de Wilcoxon.

A prova do Coeficiente de Correlação de Postos de Spearman permitiu analisar a correlação entre os perfis de desempenho cognitivo na *avaliação* e na *reavaliação*, respectivamente, e as seguintes variáveis: percentis no Raven e idade cronológica das crianças.

Resultados

A Tabela 1 reúne os indicadores de desempenho das crianças na resolução de problemas do PBFD nas diferentes fases (SAJ, ASS e MAN) e as comparações entre elas, na *avaliação*.

Tabela 1 - Indicadores de Desempenho no PBFD – Mediana (Md) e Comparações entre Fases, na Avaliação ($N = 20$)

Indicadores de Desempenho PBFD	Fases			Comparações* (p)	
	SAJ Md	ASS Md	MAN Md	SAJ ASS	SAJ MAN
Número médio de perguntas de busca por arranjo de figuras	4	4	5	0,29	0,56
Proporção dos tipos de pergunta de busca					
Relevante	0,46	0,78	0,64	< 0,001*	0,009*
Irrelevante	0,08	0,06	0,13	0,66	0,12
Incorreta	0,09	0,12	0,13	0,02*	0,08
Repetida	0,00	0,00	0,04	0,26	0,70
Proporção dos tipos de tentativas					
Correta	0,00	0,70	0,29	< 0,001*	0,002*
Incorreta	0,73	0,30	0,42	< 0,001*	0,02*
Correta ao acaso	0,24	0,00	0,15	< 0,001*	0,12

* Teste de Wilcoxon ($p \leq 0,05$)

SAJ = fase inicial sem ajuda; ASS = fase de assistência; MAN = fase de manutenção

Na Tabela 1, observa-se que na fase SAJ, as crianças realizaram quatro perguntas em média por arranjo, mais perguntas relevantes do que não relevantes (repetidas, irrelevantes e incorretas) e predominantemente tentativas incorretas.

Comparando-se a fase SAJ com a fase ASS, verifica-se nesta última um aumento significativo das proporções medianas de perguntas relevantes e de tentativas corretas de solução e a conseqüente redução de tentativas incorretas e corretas ao acaso. A proporção de perguntas incorretas apresentou aumento significativo da fase SAJ para a ASS; apesar deste aumento, as perguntas incorretas se mantiveram em proporção inferior à das perguntas relevantes.

Na comparação entre as fases SAJ e MAN, por sua vez, nota-se a mesma tendência. Na fase MAN (após a suspensão da ajuda da examinadora), houve um aumento significativo na proporção de perguntas relevantes e de tentativas corretas e, em contrapartida, uma redução significativa de tentativas incorretas.

A Tabela 2 mostra os indicadores de desempenho das crianças na resolução do PBFD nas diferentes fases (SAJ, ASS e MAN) e as comparações entre elas, na *reavaliação*.

Tabela 2 - Indicadores de Desempenho no PBFD – Mediana (Md) e Comparações entre Fases, na Reavaliação ($N = 20$).

Indicadores de Desempenho PBFD	Fases			Comparações* (p)	
	SAJ	ASS	MAN	SAJ	SAJ
	Md	Md	Md	ASS	MAN
Número médio de perguntas de busca por arranjo de figuras	4	4	4	0,82	0,04*
Proporção dos tipos de pergunta de busca					
Relevante	0,75	0,90	0,75	0,02*	0,11
Irrelevante	0,03	0,03	0,10	0,60	0,005*
Incorreta	0,14	0,06	0,10	0,05*	0,53
Repetida	0,00	0,00	0,00	0,79	0,31
Proporção dos tipos de tentativas					
Correta	0,07	0,89	0,78	0,001*	0,06
Incorreta	0,50	0,11	0,11	0,003*	0,16
Correta ao acaso	0,29	0,00	0,12	0,001*	0,05*

* Prova de Wilcoxon ($p \leq 0,05$)

SAJ = fase inicial sem ajuda; ASS = fase de assistência; MAN = fase de manutenção

De acordo com a Tabela 2, na fase SAJ as crianças realizaram quatro perguntas em média por arranjo, formularam mais questões relevantes do que não relevantes (repetidas, irrelevantes e incorretas), com predomínio das tentativas incorretas de solução. Quando se compara a fase ASS em relação à SAJ, verifica-se um aumento significativo das proporções mediana de perguntas relevantes e de tentativas corretas de solução, com correspondente redução significativa das proporções de perguntas incorretas e das tentativas incorretas e corretas ao acaso.

Comparando-se as fases SAJ e MAN, observa-se nesta última um aumento significativo no número médio de perguntas de busca por arranjo, enquanto que a alta proporção mediana de perguntas relevantes permaneceu inalterada. Houve um aumento significativo na proporção mediana de perguntas irrelevantes, embora esta seja pequena em relação à proporção de perguntas relevantes. Verifica-se, ainda, uma tendência significativa de aumento da proporção mediana das tentativas corretas e uma diminuição significativa das tentativas corretas ao acaso.

Cabe salientar que, na *avaliação*, as proporções acima de 0,70 de perguntas relevantes e acertos só foram observadas na fase ASS, isto é, com a ajuda da examinadora presente, enquanto que na *reavaliação*, as proporções de perguntas relevantes situaram-se acima de 0,75 nas três fases (SAJ, ASS e MAN), respectivamente, e as proporções de acertos foram expressivamente altas (acima de 0,70) nas fases ASS e MAN.

A Figura 1 apresenta os perfis de desempenho cognitivo das crianças na tarefa PBFD, durante a *avaliação* e *reavaliação*, segundo a classificação em: *alto-escore, ganhador mantenedor, ganhador dependente da assistência* e *não ganhador*.

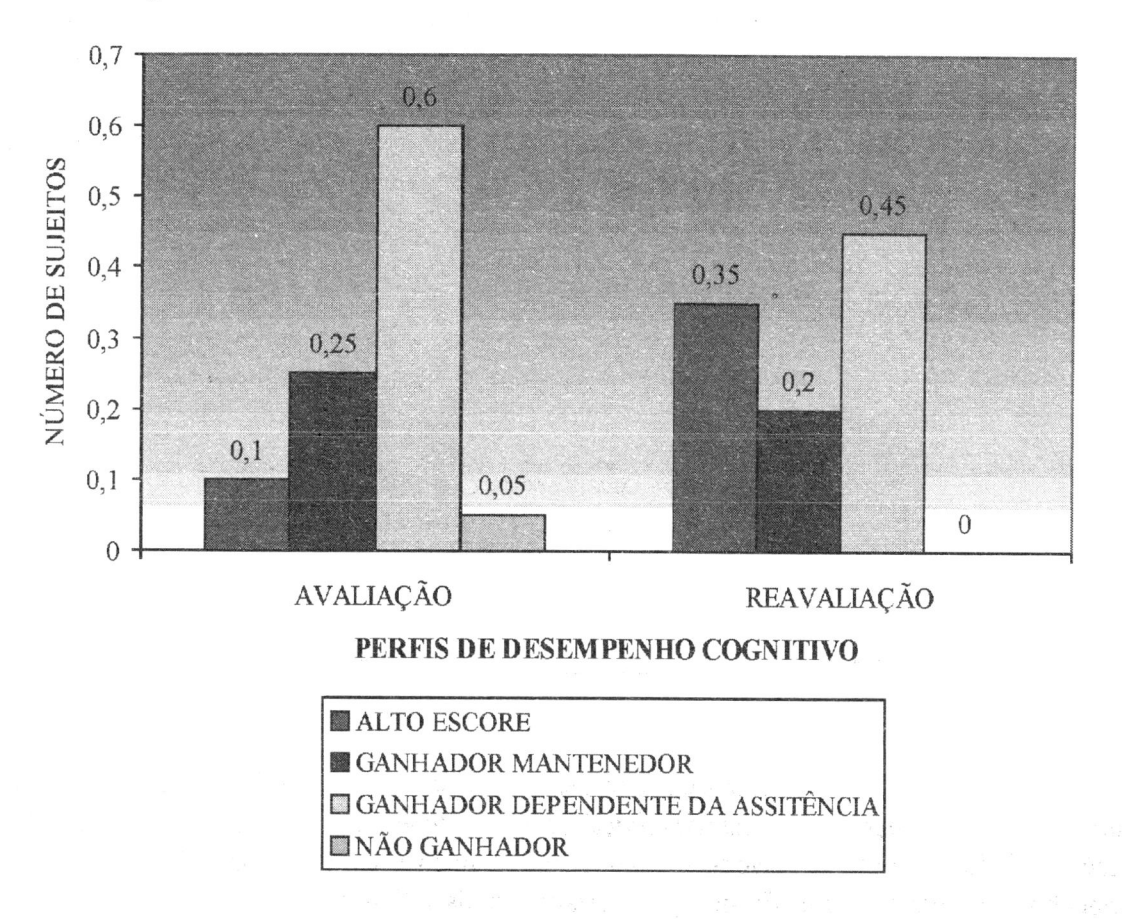

Figura 1 - Perfis de desempenho cognitivo obtidos por meio do Jogo de Perguntas de Busca com Figuras Diversas, na Avaliação e na Reavaliação

Observa-se na Figura 1 que, na *avaliação*, cerca de 0,25 das crianças foram classificadas como *ganhador mantenedor*, apresentando estratégias de formulação de perguntas relevantes de busca de informação, enquanto que 0,60 das crianças alcançaram o perfil *ganhador dependente da assistência*, ou seja, melhoraram seu desempenho com assistência presente, mas não mantiveram essa melhora após a suspensão da ajuda na fase MAN. Duas crianças apresentaram o perfil *alto-escore*, tendo bom desempenho logo na fase SAJ, e apenas uma criança apresentou perfil de *não ganhador*, isto é, não houve melhora no desempenho, apesar da ajuda da examinadora.

Comparados por meio do teste de Wilcoxon, os perfis de desempenho cognitivo na *avaliação* e na *reavaliação* apresentaram uma diferença significativa ($p \leq 0,05$). Na *reavaliação*, o subgrupo de perfil cognitivo *alto-escore* aumentou, representando 0,35 das crianças que conseguiram um bom desempenho logo na fase SAJ, independente da ajuda da examinadora. Conseqüentemente, não houve crianças com perfil de desempenho cognitivo de *não ganhador* e o subgrupo *ganhador* diminuiu, especialmente o *ganhador dependente da assistência*.

Quando se comparam os perfis de desempenho cognitivo tendo como referência o bom desempenho na tarefa, observa-se que na *avaliação*, a proporção das crianças que apresentaram bom desempenho, mantendo-o após ter cessado a ajuda da examinadora, foi em torno de 0,35 (0,10 das crianças com perfil *alto-escore* e 0,25 com perfil *ganhador mantenedor*). Na *reavaliação* essa proporção aumentou significativamente, representando cerca da metade das crianças (0,55).

Em relação aos resultados obtidos na avaliação psicométrica por meio do Raven, constatou-se uma variação em relação à classificação do nível intelectual das crianças. Uma proporção maior de crianças (0,60) obteve classificação intelectual definidamente abaixo da média (percentil 10 ou 25), enquanto que 0,25 das crianças obtiveram classificação intelectual definidamente acima da média (percentil 75) e 0,15 classificação de intelectualmente média (percentil 50).

A Tabela 3 apresenta os índices de correlação de postos de Spearman entre os perfis de desempenho cognitivo, na *avaliação* e na *reavaliação*, respectivamente, e as variáveis percentil no Raven e idade cronológica das crianças.

Tabela 3 - Índices de correlação de postos de Spearman (r) entre os perfis de desempenho cognitivo no PBFD, na Avaliação e na Reavaliação, e o percentil no Raven e idade das crianças.

	Perfil de Desempenho Cognitivo	
	Avaliação	Reavaliação
Raven	0,39	0,30
Idade	0,49*	0,35

*$p < 0,05$

De acordo com a Tabela 3, verifica-se que os perfis de desempenho cognitivo alcançados na avaliação assistida, tanto na *avaliação* quanto na *reavaliação*, foram independentes dos valores de percentil no teste psicométrico de Raven. Porém, houve correlação significativa positiva entre a idade dos sujeitos e o perfil de desempenho cognitivo na *avaliação*, ou seja, as crianças mais velhas desempenharam-se melhor do que as crianças mais jovens. Essa correlação não se repetiu na *reavaliação*, podendo sugerir que, após a intervenção psicopedagógica, as crianças mais jovens conseguiram melhorar o nível de seu desempenho, diminuindo a diferença em relação ao desempenho apresentado pelas crianças mais velhas.

Discussão

A grande variação nos percentis obtidos no Raven confirmou a observação realizada anteriormente por Marturano et al. (1997), de que crianças com queixa de dificuldade de aprendizagem, encaminhadas para atendimento psicológico na área da Saúde, apresentam diversidade quanto ao desempenho intelectual, medido por avaliação psicométrica. No presente estudo, a classificação intelectual das crianças variou de deficiente até inteligência acima da média.

Por outro lado, mesmo tendo 60% das crianças apresentado classificação definidamente abaixo da média intelectual no Raven, pode ser observado indicadores de recursos cognitivos nesse grupo. Na avaliação cognitiva assistida, a maioria das crianças foi capaz de melhorar seu desempenho mediante à assistência da examinadora, independentemente do nível intelectual alcançado na avaliação psicométrica.

Ao contar com um suporte de ajuda adequado às suas necessidades, as crianças com problemas de aprendizagem foram capazes de superar a dificuldade em diferenciar aspectos relevantes dos irrelevantes, elevando o nível do seu desempenho durante a solução de um dado problema, conforme encontrado nos estudos de Barton (1988), Brown & Campione (1986) e de Swanson (1995).

A análise dos dados permitiu verificar diferenças significativas intragrupo em relação ao desempenho cognitivo das crianças na avaliação assistida em situação de resolução de problemas de perguntas de busca de informação e restrição de alternativas. Embora uma proporção considerável das crianças tenha necessitado de ajuda e melhorado com a assistência durante a avaliação, a possibilidade de se beneficiar da assistência e reorganizar o padrão de funcionamento cognitivo na resolução da tarefa variou para cada criança, formando subgrupos diferenciados quanto a indicadores de eficiência e manutenção da aprendizagem, tanto no momento da *avaliação* quanto da *reavaliação*.

Os indicadores de desempenho cognitivo analisados nos dois momentos da avaliação assistida revelaram subgrupos com diferentes perfis de desempenho cognitivo. Durante a *avaliação*, apesar da ajuda da examinadora, houve predomínio de crianças com perfil de desempenho cognitivo ganhador dependente da assistência, que melhoraram o desempenho mas não mantiveram a melhora na fase de manutenção, dependendo da ajuda da examinadora para obter sucesso na resolução de problemas. As crianças que conseguiram manter o bom desempenho após a suspensão da ajuda da examinadora representam um grupo significativamente menor (alto-escore e ganhador mantenedor), e apenas uma criança obteve o perfil de não ganhador, indicando uma dificuldade maior frente à tarefa proposta.

Por outro lado, na *reavaliação*, cerca da metade das crianças (0,55) conseguiu manter ou melhorar o bom desempenho na resolução da tarefa (alto-escore e ganhador mantenedor), após a suspensão da ajuda da examinadora. O aumento na proporção de crianças com perfil alto-escore e a ausência daquelas com perfil de não-ganhador sugere que, após receber assistência mais intensiva e prolongada, representada pela intervenção psicopedagógica de curta duração, um número maior de crianças foi capaz de apresentar estratégias de busca de informação mais eficientes. Embora o grupo de crianças com perfil ganhador dependente da assistência tenha diminuído, este continuou representando uma parcela perto da metade das crianças (0,45). Para estas a ajuda oferecida parece não ter sido suficiente para melhorar seu desempenho, havendo a necessidade de monitoramento continuado.

Essa variação no desempenho pode ser entendida ao considerar-se que o grupo classificado com queixa de dificuldade de aprendizagem mostrou ser heterogêneo, incluindo crianças com dificuldades ou recursos em níveis diferentes. Além disso, contribuem para essa variação intragrupo, a sensibilidade de cada criança à instrução, ou seja, o potencial individual da criança para mudança e o quanto de ajuda é necessária para que essa mudança ocorra. Com o mesmo nível de ajuda, uma criança pode experimentar melhora significativa no seu desempenho, enquanto outra pode não conseguir os mesmos resultados, conforme já foi observado por outros autores (Brown & Ferrara, 1985; Linhares et al., 1998; Santa Maria & Linhares, 1999; Swanson, 1995).

A melhora de desempenho na avaliação assistida, no momento da *avaliação*, foi mais evidente nas crianças de faixa etária maior, uma vez que as mais jovens apresentaram maior dificuldade na solução da tarefa, necessitando de mais ajuda da examinadora para resolvê-la.

Na *reavaliação*, no entanto, após a dessensibilização da criança para enfrentar situações de aprendizagem, promovida por um período de intervenção psicopedagógica de curta duração, a relação entre faixa etária e melhora no desempenho não ficou evidenciada.

A relação entre idade e desempenho em tarefas que envolvem a formulação de perguntas para a resolução de problemas, tem sido investigada em estudos anteriores. Segundo pesquisa realizada por Mosher & Hornsby (1966, citado por Barton, 1988) com crianças normais, a idade estaria relacionada ao desempenho em tarefas que exigem formulação de perguntas de busca com exclusão de alternativas. Os autores observaram que, enquanto as crianças de oito anos de idade mostravam pouca habilidade em elaborar perguntas de busca e restrição de alternativas, aquelas com onze anos já apresentavam estratégias eficientes na formulação de perguntas relevantes de busca. Para Courage (1989), essas habilidades desenvolvem-se no decorrer dos primeiros anos escolares, mas a elaboração de perguntas relevantes de busca de informação com restrição de alternativas pode ocorrer mais cedo se a criança for treinada.

Por outro lado, Escolano & Linhares (2000), estudaram aspectos do funcionamento cognitivo de crianças de sete anos da primeira série do ensino fundamental por meio do Jogo de Perguntas de Busca com Figuras Geométricas e verificaram que, embora jovens, a maioria das crianças da amostra apresentou bom desempenho na tarefa, precisando de pouca ajuda para implementar estratégias eficientes de perguntas relevantes de busca e restrição de alternativas e resolver corretamente os problemas apresentados. Gera & Linhares (1998, citado por Linhares et al., 1998), por sua vez, ao avaliarem crianças de sete a dez anos de idade, com e sem dificuldade de aprendizagem, por meio do Jogo de Perguntas de Busca com Figuras Diversas em situação de avaliação assistida, verificaram que o desempenho das crianças na tarefa diferiu mais em função da presença de problemas de aprendizagem do que da idade.

Em relação à amostra do presente estudo, observou-se que as crianças mais velhas com queixa de dificuldade de aprendizagem mostraram ser mais sensíveis ao suporte instrucional temporário oferecido pela examinadora durante o momento da *avaliação*, adotando prontamente estratégias eficientes para formular perguntas de busca visando a exclusão de alternativas e resolução correta do problema. As crianças mais jovens com dificuldade de aprendizagem, por outro lado, apresentaram maior dificuldade diante da tarefa durante a *avaliação*, apesar da assistência presente da examinadora. Provavelmente, a ajuda restrita à situação de avaliação assistida não pareceu ser suficiente para que essas crianças pudessem superar as dificuldades durante a resolução da tarefa e adotassem estratégias de perguntas relevantes. Neste caso, foi necessário um período maior de assistência, representado pela intervenção psicopedagógica de curta duração, para que a melhora no desempenho ocorresse.

Posteriormente a esse período, verificou-se a diluição da diferença no desempenho entre crianças mais jovens ou mais velhas, ou seja, houve equiparação do nível de desempenho de crianças de idades diferentes, dentro da faixa estudada.

Concluindo, os achados do presente estudo demonstram que ao neutralizar condições adversas de ensino, criando-se uma mini-situação de ensino-aprendizagem, torna-se possível a diferenciação de crianças que precisam de ajuda intensiva e continuada para melhorar o desempenho estratégico para resolver problema, daquelas que com pouca ajuda são capazes de revelar recursos eficientes, as quais podem ter tido sua capacidade cognitiva subestimada por medida psicométrica. Estas últimas podem ser identificadas como "pseudodeficientes" ou "deficientes mediacionais" (Feuerstein et al., 1980), ou seja, possuem recursos cognitivos ou potencial de aprendizagem além daquele estimado psicometricamente.

A partir do momento em que recursos cognitivos são identificados e não apenas dificuldades, crianças com problemas de aprendizagem podem ser retiradas de categorias diagnósticas estabelecidas por testes psicométricos. Reconhecer a sensibilidade das crianças à mediação ou assistência do outro, permite que seu processo de aprendizagem possa ser redefinido sob um ponto de vista mais otimista, de acordo com a proposta de "experiência de aprendizagem mediada" formulada por Feuerstein et al (1980).

Referências Bibliográficas

Angelini, A. L., Alves, I. C. B., Custódio, E. M., & Duarte, W. F. (1987). *Matrizes Progressivas Coloridas - Escala Especial - Raven*. (Padronização Brasileira). São Paulo, Casa do Psicólogo.

Barton, J. A. (1988). Problem-solving strategies in learning disabled and normal boys: developmental and instructional effects. *Journal of Educational Psychology, 80*(2), 184-191.

Brown, A. L., & Campione, J. C. (1986). Psychological theory and the study of learning disabilities. *American Psychologist, 14*(10), 1059–1068.

Brown, A. L., & Ferrara, R. A. (1985). Diagnosing zones of proximal development. In: J. V. Wertsch (Ed.). *Culture communication and cognition*: vygotskian perspectives. (pp. 273-305). Cambridge, Cambridge University Press.

Campione, J. C., & Brown, A. L. (1990). Guided learning and transfer: implications for approaches to assessment. In: N. Fredericksen, R. Glaser, A. Lesgold, & M. G. Shafto (Ed.). *Diagnostic monitoring of skill and knowledge acquisition*. (pp. 141-172). New Jersey, Lawrence Erlbaum Associates Publishers.

Courage, M. L. (1989). Children's inquiry strategies in referential communication and in the game of twenty questions. *Child Development, 60*, 877-886.

Escolano, A. M. C. (2000). *Avaliação cognitiva assistida em situação de resolução de problema na predição do desempenho escolar de crianças de primeira série do primeiro grau*. (pp.120). Ribeirão Preto, Dissertação (Mestrado) – Faculdade de Filosofia, Ciências e Letras de Ribeirão Preto, Universidade de São Paulo.

Escolano, A. C. M., & Linhares, M. B. M. (2000). Avaliação cognitiva assistida em situação de resolução de problema na predição do desempenho escolar de crianças de primeira série do primeiro grau. In: Z. M. M. Biasoli-Alves (Org.), *III Seminário de Pesquisa - Tomo II*. (pp. 55-63). Ribeirão Preto: Programa de Pós-Graduação em Psicologia FFCLRP.

Feuerstein, R., Rand, Y., Hoffman, M. B., & Miller, R. (1980). *Instrumental enrichment*: an intervention program for cognitive modifiability. Illinois, Scott, Foresman and Company.

Gera, A. A. S., & Linhares, M. B. M. (1998). Estratégias de perguntas de busca de informação na resolução de problemas em crianças com e sem queixa de dificuldade de aprendizagem. In: XXVIII Reunião Anual de Psicologia, (pp. 126). Ribeirão Preto. *Resumos*. Sociedade Brasileira de Psicologia.

Linhares, M. B. M. (1996). Avaliação assistida em crianças com queixa de dificuldade de aprendizagem. *Temas em Psicologia, (1)*, 17-32.

Linhares, M. B. M. (1998). Avaliação assistida de crianças com queixa de dificuldade de aprendizagem: indicadores de eficiência e transferência de aprendizagem em situação de resolução de problemas. In: A. W. Zuardi, E. M. Marturano, M. A. C. Figueiredo, & S. R. Loureiro (Org.). *Estudos em Saúde Mental*. (pp. 121-147). Ribeirão Preto: Comissão de Pós-graduação em Saúde Mental - FMRP/USP.

Linhares, M. B. M., Santa Maria, M. R., Escolano, A C. M., & Gera, A. A. S. (1998). Avaliação assistida: uma abordagem promissora na avaliação cognitiva de crianças. *Temas em Psicologia, 6*(3), 231-254.

Marturano, E. M., Loureiro, S. R., Linhares, M. B. M., & Machado, V. L. S. (1997). A avaliação psicológica pode fornecer indicadores de problemas associados a dificuldades escolares? In: E. M. Marturano, S. R. Loureiro & A. W. Zuardi (Org.). *Estudos em Saúde Mental*. (pp. 11-48). Ribeirão Preto: Comissão de Pós-Graduação em Saúde Mental - FMRP/USP.

Santa Maria, M. R. (1999). *Avaliação cognitiva assistida de crianças com indicação de dificuldade de aprendizagem escolar e deficiência mental.* (pp. 62). Dissertação de Mestrado não publicada, Faculdade de Medicina de Ribeirão Preto, Universidade de São Paulo, Ribeirão Preto, SP.

Santa Maria, M. R., & Linhares, M. B. M. (1999). Avaliação cognitiva assistida de crianças com indicações de dificuldades de aprendizagem escolar e deficiência mental leve. *Psicologia: Reflexão e Crítica,* 12(2), 395-417.

Swanson, H. L. (1995). Effects of dynamic testing on the classification of learning disabilities: the predictive and discriminant validity of the Swanson-Cognitive Processing Test (S-CPT). *Journal of Psychoeducational Assessment,* 13, 204-229.

Tzuriel, D., & Klein, P. S. (1987). Assessing the young child: children's analogical thinking modifiability. In: C. S. Lidz (Ed.). *Dynamic assessment*: an interactional approach to evaluting learning potential. (pp. 268-287). London, Guilford Press.

-Capítulo VI-

Avaliação Cognitiva Assistida em Crianças com Queixas de Dificuldades Escolares - uma Proposta de Avaliação

Dalva Alice Rocha Mol Rangel
Solange Múglia Wechsler

Objetivo

O presente estudo teve por objetivo avaliar a eficácia do procedimento de avaliação assistida por meio do teste de Raven em crianças com queixas de dificuldades escolares.

Método

Participantes

Os participantes foram 40 crianças de uma escola pública municipal de uma cidade do interior do Estado de São Paulo, que freqüentavam entre a primeira e terceira séries do Ensino Fundamental, com idade entre sete e nove anos, 16 do sexo feminino e 24 do sexo masculino. Todas as crianças avaliadas freqüentavam as aulas de reforço escolar, por apresentarem baixo rendimento acadêmico. A amostra foi dividida em dois grupos, experimental e controle, com 20 sujeitos cada um.

Instrumento

Os instrumentos utilizados para a pesquisa foram duas medidas psicométricas: as Matrizes Progressivas Coloridas de Raven (Angelini, Alves, Custódio, Duarte & Duarte, 1999) e o Teste Não Verbal de Raciocínio Infantil (Pasquali, 2000), fitas cassetes, gravador, folhas de respostas das crianças e protocolo para registrar as respostas das crianças durante a fase de assistência.

Nesta pesquisa utilizou-se dois métodos de correção do Teste de Raven. O primeiro foi o padronizado, atualizado por Angelini et al (1999). O segundo método de correção foi elaborado por Pasquali (2000) que o chamou de Ravin.

Procedimento

Os dados foram coletados em uma escola pública municipal, sendo avaliadas todas as crianças encaminhadas para aulas de reforço escolar, 15 alunos da primeira série, 20 alunos da segunda série e cinco alunos da terceira série, somando um total de 40 crianças.

As crianças foram reunidas em grupo de controle e grupo experimental, distribuindo 20 sujeitos para cada grupo. A escolha dos grupos foi feita por meio de sorteio, em cada duas crianças era retirado o nome e a primeira pertencia ao grupo de controle enquanto que a segunda pertenceria ao grupo experimental. A amostra do grupo de controle foi composta por sete alunos da primeira série, oito alunos da segunda série, e cinco alunos da terceira série, sendo 11 meninas e 9 meninos. No grupo experimental foram oito alunos da primeira série, 12 alunos da segunda série, cinco meninas e 15 meninos. A distribuição por série escolar nos dois grupos foi aleatória, por isto as crianças da terceira série acabaram permanecendo no grupo de controle. Em cada período do dia atendia-se duas crianças, alternando entre grupo de controle e grupo experimental. Foram realizadas duas sessões com cada criança para realização do pré e pós-teste.

Na fase do pré-teste, utilizou-se o teste de Raven. Para as crianças que participaram do grupo controle seguiam-se as instruções padronizadas, anotando-se as respostas na folha apropriada. No grupo experimental, inicialmente aplicava-se o teste conforme a orientação do manual de aplicação, contudo, após a aplicação do teste, a pesquisadora retomava as atividades, solicitando à criança que descrevesse verbalmente o desenho principal de cada página do caderno de teste e justificasse a resposta escolhida. Essa intervenção foi realizada com o propósito de melhorar as condições de aplicação do teste durante a avaliação.

Vale destacar que ao justificar a resposta escolhida, a criança tem condições de melhorar o seu desempenho na tarefa aumentando os recursos metacognitivos. A descrição do modelo principal melhora a percepção, possibilita a conduta comparativa e análise dos estímulos, auxiliando o processamento cognitivo.

Na fase de pós-teste, aplicou-se o TNVRI (Pasquali, 2000) em ambos os grupos, seguindo as instruções descritas pelo autor. O pós-teste foi realizado após aplicação do pré-teste em todos os particpnates.

Resultados

Inicialmente, analisou-se os motivos do encaminhamento dos sujeitos às aulas de reforço escolar, no sentido de identificar as principais causas das dificuldades escolares dos alunos apontadas pelas professoras. Na Tabela 1, apresentam-se os motivos do encaminhamento das crianças para as aulas de reforço escolar.

Tabela 1 - Motivos dos encaminhamentos das crianças para o reforço escolar.

Motivos	Séries												Total	
	1ª				2ª				3ª					
	M		F		M		F		M		F			
	f	%	f	%	f	%	f	%	f	%	f	%	f	%
Dificuldade em Português	4	21,0	4	33,3	4	16,7	3	15,8	1	20,0	2	33,3	18	21,17
Dificuldade em Matemática	2	10,5	2	16,7	4	16,7	4	21,0	0	0,0	2	33,3	14	16,47
Requer assistência individual	0	0,0	0	0,0	0	0,0	0	0,0	1	20,0	1	16,7	2	2,35
Falta de atenção	3	15,8	2	16,7	6	25,0	5	26,6	0	0,0	0	0,0	16	18,82
Dificuldade em leitura	3	15,8	1	8,3	1	4,2	1	5,3	0	0,0	0	0,0	6	7,06
Dificuldade em escrita	0	0,0	0	0,0	2	8,3	1	5,3	1	20,0	1	16,7	5	5,88
Dificuldade de assimilar	3	15,8	3	25,0	0	0,0	1	5,3	0	0,0	0	0,0	7	8,23
Falta de capricho	0	0,0	0	0,0	1	4,2	1	5,3	0	0,0	0	0,0	2	2,35
Não realiza as atividades	1	5,3	0	0,0	3	12,5	1	5,3	2	40,0	0	0,0	7	8,23
Lento nas atividades	1	5,3	0	0,0	0	0,0	2	10,5	0	0,0	0	0,0	3	3,53
Indisciplina	1	5,3	0	0,0	0	0,0	0	0,0	0	0,0	0	0,0	1	1,18
Falta de motivação	1	5,3	0	0,0	2	8,3	0	0,0	0	0,0	0	0,0	2	3,53
Responde apenas oralmente	0	0,0	0	0,0	1	4,2	0	0,0	0	0,0	0	0,0	1	1,18
Total	19	100	12	100	24	100	19	100	5	100	6	100	85	99,98

M = masculino; F = feminino

Na Tabela 1, apontam-se os motivos alegados pelas professoras justificando o encaminhamento dos alunos para as aulas de reforço escolar. Observou-se o predomínio de dificuldades em português, matemática e falta de atenção. As dificuldades em português foram mais freqüentes entre as meninas da primeira série (33,3%) e as da terceira série (33,3), enquanto que na segunda série os meninos tendem a apresentar mais dificuldades do que as meninas (16,7%).

Em relação às dificuldades em matemática, a freqüência foi de 16,7% para as meninas da primeira série, 21% para as alunas da segunda série e 33,3% para as alunas da terceira série, indicando que as dificuldades em matemática são mais freqüentes entre as meninas.

O motivo falta de atenção esteve presente em 15,8% dos meninos da primeira série e 16,7% das meninas. Contudo este motivo predominou em relação aos alunos da segunda série, 25% dos alunos e 26,6% das alunas.

Vale destacar que a dificuldade para assimilar foi apontada como motivo de encaminhamento para as aulas de reforço nos alunos da primeira série, predominando no grupo de meninas (25%).

Estes resultados indicaram que as dificuldades apresentadas pelas crianças avaliadas estavam relacionadas aos conteúdos acadêmicos.

Durante a fase de assistência, solicitou-se às crianças do grupo experimental a descrição dos problemas apresentados e a justificativa das escolhas das respostas. Os resultados indicaram que nesta fase as crianças utilizaram vários recursos durante as verbalizações, fazendo associações com formas conhecidas como bandeira, flor, riscos, quadrados, cores, buscando dar significado mais concreto aos símbolos abstratos.

Apenas oito crianças do grupo experimental perceberam que haviam escolhido a resposta errada e fizeram auto-correção, três com classificação superior e médio superior, e cinco estavam classificadas na capacidade intelectual média.

Tabela 2 - Classificação das Matrizes Progressivas Coloridas de Raven (Pré-teste) – freqüência e proporção de partcipantes.

Percentil	Grupo de Controle		Grupo Experimental	
	f	%	f	%
75 – 100	6	30	5	25
50 – 74	8	40	9	45
25 – 49	5	25	6	30
0 – 24	1	5	0	0
Total	20	100	20	100

Os resultados gerais do Raven (pré-teste), nas duas formas de correção, e do TNVRI (pós-teste) demonstraram que as crianças dos dois grupos, experimental e controle, obtiveram classificação intelectual superior, médio-superior, médio inferior e inferior.

Como podemos observar, no grupo controle 70% dos alunos situaram-se entre os percentis 50-74 e 75-100, ou seja, médio superior e superior, tendo o mesmo acontecido no grupo experimental. Além disto, no grupo experimental nenhum aluno foi classificado no percentil 0-24 (inferior).

Tabela 3 - Classificação do fator geral Ravin (Pré-teste) - freqüência e proporção de partcipantes.

Percentil	Grupo de Controle		Grupo Experimental	
	f	%	f	%
75 – 100	9	45	6	30
50 – 74	7	35	13	65
25 – 49	4	20	1	5
0 – 24	0	0	0	0
Total	20	100	20	100

Na Tabela 3 demonstram-se os resultados do fator geral do Ravin, formulado por Pasquali (1991). Esses resultados indicaram que 80% do grupo controle tiveram os resultados nos percentis 50-74 e 75-100, indicando, portanto, resultados médio superior ou superior. Por outro lado 95% dos alunos do grupo experimental situaram-se também nestes mesmos valores percentílicos, indicando novamente, resultados acima da média.

Comparou-se os resultados entre o Raven e Ravin por meio da correlação de postos de Spearman. No grupo experimental, o resultado do Raven e o fator geral do Ravin demonstrou correlação fortemente significativa ($r=1$; $p<0,05$). Supõe-se que o fator geral do Ravin e o resultado geral do Raven apresentem o mesmo tipo de dificuldade, levando os sujeitos a terem o mesmo desempenho nas duas formas de interpretação dos resultados. O mesmo ocorreu com os resultados do grupo controle, houve forte correlação entre os resultado geral do Raven e o fator geral do Ravin ($r=0,99$; $p<0,01$). Provavelmente a forte correlação deve-se ao fato de que em ambos os fatores prevalece o raciocínio analógico. Portanto, as duas formas de correção levam praticamente a resultados idênticos.

Em relação ao pós-teste, aferido pelo Teste Não Verbal de Raciocínio Infantil, as classificações dos sujeitos do grupo controle e do grupo experimental estão dispostas na Tabela 4.

Tabela 4 - Classificação dos percentis do fator geral do TNVRI (pós-teste) - freqüência e proporção de partcipantes.

Percentil	Grupo de Controle		Grupo Experimental	
	f	%	f	%
75 – 100	2	10	3	15
50 – 74	0	0	3	15
25 – 49	11	55	11	55
0 – 24	7	35	3	15
Total	20	100	20	100

As informações na Tabela 4 indicaram que no grupo controle 10% dos alunos tiveram o desempenho no percentil 74-100, e no grupo experimental este percentual ocorreu em 30% dos alunos. Vale destacar que nos dois grupos, aproximadamente, a metade dos alunos (55%) concentrou-se nos percentis 25-49, ou seja, médio inferior.

Na Tabela 5, estão descritas as correlações de postos de Spearman comparando o desempenho em cada fator do pré-teste e do pós-teste no grupo experimental.

Tabela 5 - Índices de correlação de Postos de Spearman entre os resultados do pré-teste e do pós-teste do Grupo Experimental.

Pré-teste	TNVRI (pós-teste)		
	Fator 1	Fator 2	Fator geral
Raven	0,69 **	0,58 *	0,55 *
Ravin - fator 1	0,70	0,56 *	0,56 *
Ravin – fator 2	0,54 *	0,49 *	0,49 *
Ravin – fator 3	0,23	0,48 *	0,38
Ravin – fator 4	0,36	0,38	0,35
Ravin – fator geral	0,69 **	0,56 *	0,58 *

* p = 0,05; ** p = 0,01

Na comparação entre o pré-teste e o pós-teste do grupo experimental, observou-se forte correlação entre o resultado geral do Raven (pré-teste) e o fator geral do TNVRI (pós-teste) (r=0,55, p<0,05). No fator geral do Ravin e o fator geral do TNVRI constatou-se correlação significante (r=0,58, p<0,05), indicando que as crianças mantiveram seus postos avançados em relação aos três sistemas de correção dos testes.

A seguir, apresenta-se a Tabela 6 composta pelos índices de correlações de postos de Spearman entre os fatores do pré-teste e os fatores do pós-teste do grupo controle.

Tabela 6 - Índices de correlação de Postos de Spearman entre os resultados do pré-teste e do pós-teste do grupo de controle.

Pré-teste	TNVRI (pós-teste)		
	Fator 1	Fator 2	Fator geral
Raven	0,13	0,42	0,33
Ravin - fator 1	0,13	0,45 *	0,33
Ravin – fator 2	0,20	0,69 **	0,50 *
Ravin – fator 3	0,27	0,53 *	0,42
Ravin – fator 4	0,40	0,48 *	0,43
Ravin – fator geral	0,12	0,45 *	0,35

* p = 0,05; ** p = 0,01

Considerando os resultados do grupo controle, não houve correlação significativa entre o resultado geral do Raven e o fator geral do TNVRI, ocorrendo o mesmo entre o fator geral do Ravin e o fator geral do TNVRI.

Esses resultados indicaram que houve ganhos significativos no grupo experimental após o procedimento da avaliação assistida.

Discussão

A avaliação cognitiva assistida mostrou ser um recurso eficaz na avaliação de crianças com dificuldades escolares. Os resultados encontrados indicaram que as dificuldades apresentadas pelas crianças, segundo a queixa de seus professores, podem não ser explicadas por diferenças cognitivas.

O procedimento da avaliação assistida vem ao encontro da necessidade de rever os critérios utilizados na avaliação cognitiva de crianças com dificuldades escolares, com a intenção de não apenas detectar quais as dificuldades, mas também investigar os recursos que as crianças utilizam quando se defrontam com tarefas cognitivas. Nesta vertente encontram-se os trabalhos de Linhares, Santa Maria, Escolano & Gera (1998), que destacam o procedimento da avaliação assistida como um recurso que permite a interação entre o examinador e o examinando, permitindo ao primeiro atuar como mediador no processo de avaliação.

Considerando os resultados do presente estudo, constatou-se que os motivos do encaminhamento das crianças para aulas de reforço são de ordem acadêmica, concentrando-se em disciplinas como Português e Matemática, e cognitiva, como a falta de atenção. Contudo, esses resultados também permitiram observar encaminhamentos inadequados para as aulas de reforço, como a falta de capricho, indisciplina e falta de motivação. Essas queixas deveriam ser resolvidas no contexto da sala de aula; provavelmente a presença do psicólogo escolar seria de grande valia na orientação dos professores.

A análise dos dados permitiu verificar diferenças significativas no desempenho cognitivo dos sujeitos no pós-teste (TNVRI) do grupo experimental quando comparados com o desempenho no pré-teste (Teste de Raven). Esta constatação corrobora com as observações de Carlson & Wiedl (1992), segundo as quais as mudanças nas condições de aplicação de teste, segundo o modelo de avaliação assistida podem melhorar o desempenho dos sujeitos.

Em relação ao teste de Raven ponderou-se que mesmo sendo um instrumento de fácil e rápida aplicação, deve-se explorar com o examinando o tipo de problema abordado e pedir para justificar a alternativa escolhida. Esta forma de assistência fornece condições para que a criança fique atenta e compreenda a natureza do problema. Lunt (1994) assinala que a oportunidade da criança verbalizar suas estratégias na resolução de problemas favorece o aluno reduzindo o nível de ansiedade provocado na situação de teste. Ao examinador há a possibilidade de detectar os recursos cognitivos da criança, podendo posteriormente elaborar estratégias que estimulem o potencial de aprendizagem da criança. Vale lembrar que diversos autores têm utilizado a avaliação assistida durante a aplicação do teste de Raven (Cormier, Carlson & Das, 1990) confirmando a melhora no desempenho dos sujeitos.

A comparação entre os resultados gerais do Raven/ Ravin e o TNVRI indicou que a segunda prova constituiu-se um instrumento mais difícil para esses sujeitos. Embora Pasquali (2000), autor do TNVRI, afirmar que o seu instrumento foi criado nos mesmos princípios do Raven, podemos hipotetizar que seu instrumento apresenta maiores dificuldades que o Raven.

Finalizando, a avaliação cognitiva assistida permite verificar o potencial individual de cada criança e a influência que esse exerce no tipo de desempenho que a criança apresenta após a ajuda oferecida, conforme apontam Ferrioli et.al. (2001). Crianças que possuem mais recursos cognitivos tendem a se beneficiar com mais eficácia da ajuda oferecida. Neste sentido, a avaliação assistida torna-se prescritiva, permitindo a identificação de crianças que necessitam de mais ajuda na resolução das tarefas.

Referências Bibliográficas

Angelini, A. L., Alves, I. C. B., Custódio, E. M., Duarte, W. F., & Duarte (1999). Matrizes Progressivas Coloridas de Raven - Escala Especial. São Paulo, Centro Editor de Testes.

Carlson, J. S., & Wiedl, K. H. (1992). The dynamic assessment of intelligence. In: H. C. Haywood, & D. Tzuriel. (Ed.) *Interactive Assessment*. (pp. 167–186). New York: Springer-Verlag.

Cormier, P., Carlson, J. S., & Das, J. P. (1990). Planning ability and cognitive performance: the compensatory effects of a dynamic assessment approach. *Learning and individual differences*, 2(4), 437–449.

Ferriolli, S. T., Linhares, M. B. M., Loureiro, S. R., & Marturano, E. M. (2001). Indicadores de potencial de aprendizagem obtidos através da avaliação assistida. *Psicologia: Reflexão e Crítica*, 14(1), 35-43.

Linhares, M. B. M., Santa Maria, M. R., Escolano, A C. M., & Gera, A. A. S. (1998). Avaliação assistida: uma abordagem promissora na avaliação cognitiva de crianças. *Temas em Psicologia*, 6(3), 231-254.

Lunt, I. (1993-1994). A prática da avaliação. In: H. Daniels (Org.). *Vygotsky em foco*: pressupostos e desdobramentos. (Mônica S. Martins, Elisabeth J. Cestafari, Trad.). (pp. 219-252). Campinas, Papirus.

Pasquali, L. (2000). *Teste não-verbal de inteligência infantil*. São Paulo, Casa do Psicólogo.

-PARTE IV-

Estudos de Caso utilizando Avaliação Assistida com Jogos de Pergunta de Busca

Margaret Rose Santa Maria
Silvia Helena Tortul Ferriolli
Maria Beatriz Martins Linhares

Nesta parte será apresentado um total de 12 estudos de caso, sendo oito casos extraídos do estudo de Ferrioli (2000), e quatro casos extraídos do estudo de Santa Maria (1999), a fim de exemplificar a contribuição da avaliação cognitiva assistida combinada à avaliação psicométrica para o processo de avaliação diagnóstica.

O procedimento de avaliação incluiu duas etapas distintas: na primeira, foram realizadas duas sessões de avaliação cognitiva; na primeira sessão, aplicou-se o Raven segundo as normas de padronização brasileira e na segunda sessão, que nestes estudos de caso será denominada *avaliação*, foi aplicado o procedimento de avaliação cognitiva assistida em situação de resolução de problemas, utilizando-se o *Jogo de Perguntas de Busca com Figuras Diversas*; a segunda etapa do procedimento de avaliação cognitiva (denominada *reavaliação*), ocorreu após uma intervenção psicopedagógica de curta duração realizada no Ambulatório de Psicologia Infantil do Hospital de Clínicas da Faculdade de Medicina de Ribeirão Preto - USP, quando as crianças foram reavaliadas por meio do mesmo procedimento de avaliação assistida utilizado na primeira etapa (*avaliação*). Maiores detalhes dos prociedimntos podem ser encontrados na Parte III deste livro, nos estudos descritos nos capítulos 1 e 5.

Caso A - era do sexo masculino, tinha 10 anos e 9 meses de idade e freqüentava a 3ª série do ensino fundamental em escola pública. Seus pais estudaram até a 8ª série do ensino fundamental, sendo que o nível de ocupação do pai se enquadrava na classificação Qualificação Média, enquanto a mãe era do lar.

Apresentou **coerência de bom desempenho** na avaliação cognitiva, uma vez que sua classificação intelectual no Raven foi **definidamente acima da média (percentil 75)** e o perfil de desempenho cognitivo atingido no Jogo de Perguntas de Busca com Figuras Diversas foi **Ganhador mantenedor**, na *avaliação*, e **Alto-escore**, na *reavaliação*.

Durante o primeiro momento da avaliação assistida (*avaliação*), antes da intervenção psicopedagógica de curta duração, a criança apresentou bom desempenho na resolução da tarefa, formulando, em média, quatro perguntas por arranjo na *fase inicial sem ajuda*, sendo a maioria do tipo relevante, obtendo sucesso na resolução em cerca da metade dos arranjos. Durante a *fase de assistência*, seu desempenho melhorou, uma vez que o número médio de perguntas por arranjo diminuiu para três, o nível de perguntas relevantes permaneceu alto e todas as tentativas de solução efetuadas foram corretas. Nesta fase, a criança foi capaz de trabalhar com independência e autonomia, dispensando a ajuda da examinadora na resolução da tarefa.

O bom desempenho permaneceu quando a ajuda da examinadora foi suspensa, durante a *fase de manutenção*; a criança manteve inalterado o número médio de perguntas por arranjo, sendo todas elas relevantes, com um alto nível de acertos nas tentativas de solução.

Na *reavaliação*, realizada após a intervenção psicopedagógica de curta duração, a criança apresentou um desempenho melhor nas três fases da avaliação assistida (*inicial sem ajuda, assistência* e *manutenção*), respectivamente, elaborando, em média, três perguntas de busca por arranjo, todas relevantes e com êxito absoluto nas tentativas de solução.

No que diz respeito à mediação, novamente ele foi capaz de resolver os oito arranjos que compõem a *fase de assistência* de maneira autônoma, dispensando a ajuda da examinadora.

Também foi mantido um padrão positivo em relação às *operações cognitivas* observadas nas três fases (*inicial sem ajuda, assistência* e *manutenção*) da *avaliação* e da *reavaliação*, respectivamente, com a presença de conduta reflexiva e comparativa, percepção clara e integrativa, identificação de relevância, encadeamento lógico das questões, auto-correção, generalização e comunicação precisa.

Da mesma forma, seu *comportamento* foi positivo nos dois momentos da avaliação assistida, apresentando-se sossegado e relaxado, quanto à disciplina; participativo, quanto à socialização; orientado, persistente e cuidadoso com o material, quanto ao método de trabalho; interessado e concentrado, quanto à participação e disposto e rápido, quanto ao ritmo de trabalho.

Caso B - era do sexo feminino, tinha 9 anos e 10 meses de idade e freqüentava a 3ª série do ensino fundamental em escola pública. O grau de escolaridade do pai e da mãe era de 8ª e 4ª série do ensino fundamental, respectivamente, e o nível de ocupação profissional de ambos se enquadrava na classificação Qualificação Média.

Apresentou **coerência de bom desempenho** na avaliação cognitiva, sendo classificado como **intelectualmente médio (percentil 50)** no Raven, obtendo por meio do Jogo de Perguntas de Busca com Figuras Diversas, o perfil de desempenho cognitivo **Alto-escore**, tanto na *avaliação* quanto na *reavaliação*.

Antes da intervenção psicopedagógica, nas três fases (*inicial sem ajuda, assistência* e *manutenção*) da *avaliação*, a criança já apresentava ótimo desempenho cognitivo, formulando em média quatro perguntas de busca por arranjo, sendo estas predominantemente relevantes e corretas as tentativas de solução da tarefa. Em relação à mediação oferecida durante a *fase de assistência*, a criança resolveu cinco arranjos de maneira independente, sem a ajuda da examinadora; para a resolução dos demais arranjos, necessitou de "feedback" informativo e de análise comparativa dos estímulos.

Apesar do bom desempenho apresentado na *avaliação*, as *operações cognitivas* utilizadas durante a execução da tarefa não foram exclusivamente positivas. Na *fase inicial sem ajuda*, a criança utilizou conduta comparativa, percepção integrativa, encadeamento lógico das questões e comunicação precisa. Em contrapartida, apresentou também conduta impulsiva, percepção confusa, dificuldade de identificação de relevância, ausência de auto-correção e de generalização. Na *fase de assistência*, sua percepção passou a ser clara e integrativa, apresentou conduta comparativa, identificação de relevância, encadeamento lógico das questões e comunicação precisa, apesar de apresentar conduta impulsiva, ausência de auto-correção e de generalização.

Na *fase de manutenção*, sua percepção foi clara e integrativa, apresentou conduta comparativa, encadeamento lógico das questões, auto-correção e comunicação precisa, permanecendo a conduta impulsiva, a dificuldade de identificação de relevância e a ausência de generalização.

No que se refere ao *comportamento* observado durante a *fase inicial sem ajuda* e de *manutenção*, embora inquieto, a criança não demonstrou tensão, mantendo-se relaxada quanto à disciplina; participativa, quanto à socialização; interessada e concentrada, quanto à participação; confusa, mas persistente e cuidadosa com o material, quanto ao método de trabalho; disposta e rápida, quanto ao ritmo de trabalho. Na *fase de assistência*, no entanto, seu comportamento foi predominantemente positivo, exceto por mostrar-se inquieta quanto à disciplina.

Durante a *reavaliação*, o bom desempenho apresentado no momento da *avaliação* foi mantido. Nas fases *inicial sem ajuda* e de *manutenção*, o sujeito elaborou quatro perguntas de busca em média por arranjo, enquanto que na *fase de assistência* foram formuladas três, sendo que nas três fases, prevaleceram as perguntas relevantes, com alto índice de acertos. Na *fase de assistência*, a criança dispensou a ajuda da examinadora para a resolução de cinco arranjos, precisando apenas do "feedback" informativo para concluir os restantes.

As *operações cognitivas* positivas estiveram presentes nas três fases da *reavaliação*, porém o sujeito apresentou um pouco de dificuldade de identificação de relevância nas fases *inicial sem ajuda* e de *manutenção*.

O padrão positivo foi mantido em relação ao *comportamento* durante todo o procedimento da *reavaliação*, quando a criança mostrou-se sossegada e relaxada, quanto à disciplina; interessada e concentrada, quanto à participação; participativa, quanto à socialização; orientada, persistente e cuidadosa com o material, quanto ao método de trabalho e disposto e rápido, quanto ao ritmo de trabalho.

Caso C - era do sexo masculino, com 8 anos e 1 mês de idade e freqüentava a 1ª série do ensino fundamental em escola pública. A mãe não tinha informações sobre a escolaridade e ocupação profissional do pai (pai ausente); ela era analfabeta e sua função ocupacional pode ser classificada como Não Qualificada.

Apresentou **coerência de baixo desempenho** durante o processo de avaliação cognitiva, sendo classificado intelectualmente no Raven como **definidamente abaixo da média (percentil 25)**, obtendo o perfil de desempenho cognitivo **Não ganhador**, na *avaliação*, e **Ganhador dependente da assistência**, na *reavaliação*.

Durante a *avaliação*, apresentou em média quatro perguntas por arranjo na *fase inicial sem ajuda*, sendo incorretas a maioria das perguntas e tentativas de solução da tarefa. Na *fase de assistência*, com a ajuda da examinadora, tanto o número médio de perguntas por arranjo (cinco) quanto a proporção de perguntas relevantes aumentaram, porém o alto nível de tentativas incorretas de solução permaneceu praticamente inalterado. Na *fase de manutenção*, voltando a trabalhar sozinha, a criança encontrou maior dificuldade para resolver a tarefa, aumentando para seis o número médio de perguntas por arranjo, sendo que a proporção das perguntas e tentativas incorretas foi maior do que na *fase inicial sem ajuda*. No que se refere à mediação, necessitou de muita assistência, requerendo, principalmente, a retirada dos cartões e demonstração de um modelo do uso da estratégia, que consistem em um tipo concreto de ajuda, com apoio visual para raciocínio de exclusão de alternativas irrelevantes para a solução da tarefa.

Quanto às *operações cognitivas positivas*, apenas a conduta reflexiva foi utilizada nas fases *inicial sem ajuda* e *assistência*, ou seja, foram apresentadas conduta não comparativa, percepção confusa e episódica, dificuldade de identificação de relevância, circularidade das questões, ausência de auto-correção e de generalização, além de comunicação imprecisa. Essas operações cognitivas negativas se mantiveram na *fase de manutenção*, incluindo a conduta impulsiva.

Em relação ao *comportamento*, durante a *fase inicial sem ajuda*, o sujeito apresentou-se sossegado e relaxado, quanto à disciplina; participativo, quanto à socialização; interessado e concentrado, quanto à participação; confuso, não persistente, embora cuidadoso com o material, quanto ao método de trabalho; disposto, mas lento, quanto ao ritmo de trabalho. Por outro lado, na *fase de assistência*, ele mostrou-se sossegado e relaxado, quanto à disciplina; participativo, quanto à socialização; interessado mas disperso, quanto à participação; confuso, não persistente, embora cuidadoso com o material, quanto ao método de trabalho; cansado e lento, quanto ao ritmo de trabalho. Houve uma pequena mudança no seu comportamento durante a *fase de manutenção*, quando ele mostrou-se sossegado e relaxado, quanto à disciplina; participativo, quanto à socialização; desinteressado e disperso, quanto à participação; confuso, não persistente, embora cuidadoso com o material, quanto ao método de trabalho; cansado mas rápido, quanto ao ritmo de trabalho.

Na *fase inicial sem ajuda* da *reavaliação*, a criança formulou uma média de quatro perguntas de busca por arranjo; a maioria das perguntas formuladas foram relevantes, mas as tentativas de solução foram incorretas e corretas ao acaso. Durante a *fase de assistência*, permaneceu o número médio de quatro perguntas de busca por arranjo, porém, houve um aumento das perguntas relevantes e todas as tentativas de solução foram corretas. A criança formulou mais perguntas de busca durante a *fase de manutenção* (seis), sendo a metade delas relevantes e corretas a maioria das tentativas de solução. Em relação à assistência, enquanto que nos três primeiros arranjos utilizou-se análise comparativa dos estímulos, exemplo de pergunta relevante e retirada dos cartões (apoio visual para ajudar no raciocínio de exclusão), os últimos cinco arranjos foram resolvidos com a ajuda do "feedback" informativo.

As *operações cognitivas* apresentadas na *fase inicial sem ajuda* foram as seguintes: condutas reflexiva e comparativa, percepção clara e integrativa, encadeamento lógico das questões, comunicação precisa, mas também dificuldade de identificação de relevância e ausência de auto-correção e de generalização. Todas as operações cognitivas positivas estiveram presentes na *fase de assistência*, porém somente a comunicação precisa permaneceu durante a *fase de manutenção*. Nesta última fase, a criança apresentou conduta impulsiva e não comparativa, percepção confusa e episódica, dificuldade de identificação de relevância, circularidade das questões, ausência de auto-correção e de generalização além de comunicação imprecisa.

Da mesma forma, houve variações do *comportamento* nas diferentes fases. Na *fase inicial sem ajuda*, a criança esteve inquieta e tensa, quanto à disciplina; participativa, quanto à socialização; interessada e concentrada, quanto à participação; orientada, persistente e cuidadosa com o material, quanto ao método de trabalho; disposta e rápida, quanto ao ritmo de trabalho. Na *fase de assistência*, seu comportamento foi inquieta e tensa, quanto à disciplina; participativa, quanto à socialização; interessada mas dispersa, quanto à participação; orientada e persistente, embora descuidada com o material, quanto ao método de trabalho; cansada mas rápida, quanto ao ritmo de trabalho. Na *fase de manutenção*, ele apresentou-se inquieto e tenso, quanto à disciplina; participativo, quanto à socialização; desinteressado e disperso, quanto à participação; orientado e persistente, embora descuidado com o material, quanto ao método de trabalho; cansado mas rápido, quanto ao ritmo de trabalho.

Caso D - era do sexo feminino, tinha 8 anos completos e freqüentava a 3ª série do ensino fundamental em escola pública. O pai e a mãe cursaram até a 6ª e 5ª série respectivamente, do ensino fundamental. A ocupação profissional exercida pela mãe pode ser classificada como Não Qualificada. A mãe não soube informar sobre a profissão do pai (pai ausente).

Apresentou **coerência de baixo desempenho** durante o processo de avaliação cognitiva, pois sua classificação intelectual no Raven foi **definidamente abaixo da média (percentil 10)** e seu perfil de desempenho cognitivo no Jogo de Perguntas de Busca com Figuras Diversas foi **Ganhador dependente da assistência**, tanto na *avaliação* quanto na *reavaliação*.

Durante a *avaliação*, ao trabalhar sozinho seguindo as instruções padronizadas, o sujeito atingiu o limite máximo de doze perguntas em média por arranjo na *fase inicial sem ajuda*, predominando as perguntas repetidas e as tentativas de solução incorretas.

Na *fase de assistência*, o número de perguntas formuladas por arranjo diminuiu sensivelmente para três, com prevalência das perguntas relevantes e das tentativas corretas. Entretanto, na *fase de manutenção*, o número médio de perguntas de busca por arranjo aumentou para nove, e as perguntas repetidas, assim como as tentativas incorretas, voltaram a predominar. A criança precisou de muita ajuda para melhorar seu desempenho durante a *fase de assistência*, requerendo principalmente a retirada dos cartões e demonstração de um modelo do uso da estratégia, que são os dois últimos níveis máximos de ajuda oferecidos no gradiente de mediação pela examinadora.

Quanto às *operações cognitivas positivas* utilizadas na resolução da tarefa, somente a conduta reflexiva foi apresentada nas fases *inicial sem ajuda* e de *manutenção*; isto significa que a criança apresentou predominantemente conduta não comparativa, percepção confusa e episódica, dificuldade de identificação de relevância, circularidade das questões, ausência de auto-correção e de generalização, além de comunicação imprecisa. Na *fase de assistência*, houve conduta reflexiva e comparativa, percepção integrativa, encadeamento lógico das questões e comunicação precisa, mas também estiveram presentes a percepção confusa, dificuldade de identificação de relevância, ausência de auto-correção e de generalização.

No que diz respeito ao *comportamento*, na fase *inicial sem ajuda* a criança mostrou-se sossegada e relaxada, quanto à disciplina; participativa, quanto à socialização; interessada embora dispersa, quanto à participação; confusa, persistente e cuidadosa com o material, quanto ao método de trabalho; cansada e lenta, quanto ao ritmo de trabalho. Esses mesmos comportamentos foram expressos durante as fases de *assistência* e de *manutenção*, exceto que nestas duas fases, a criança mostrou-se disposta quanto ao ritmo de trabalho.

Em relação à *reavaliação*, realizada após intervenção psicopedagógica de curta duração, foram formuladas quatro perguntas de busca em média por arranjo na *fase inicial sem ajuda*, entretanto, todas as perguntas foram incorretas, não havendo sucesso nas tentativas de solução. Durante a *fase de assistência*, com a ajuda da examinadora, a criança melhorou seu desempenho, mantendo o número médio de perguntas por arranjo (quatro), formulando mais perguntas relevantes e acertando todas as tentativas de solução da tarefa. Essa melhora no desempenho, no entanto, não permaneceu após a suspensão da ajuda, durante a *fase de manutenção*, na qual aumentou para seis o número médio de perguntas de busca por arranjo, voltando a formular apenas perguntas incorretas, com a conseqüente ausência de sucesso nas tentativas de solução. Quanto à mediação, ela necessitou de muita assistência, sendo preciso oferecer exemplo de pergunta relevante, demonstração de um modelo do uso da estratégia e, principalmente, retirada dos cartões para auxiliar no raciocínio de exclusão de alternativas irrelevantes.

Não foram apresentadas *operações cognitivas positivas* nas fases *inicial sem ajuda* e de *manutenção*. Na *fase de assistência*, a criança utilizou conduta reflexiva mas não comparativa, percepção confusa, embora integrativa, encadeamento lógico das questões, comunicação precisa, dificuldade de identificação de relevância, ausência de auto-correção e de generalização.

No que diz respeito ao *comportamento*, a criança manteve o padrão nas fases *inicial sem ajuda* e de *manutenção*, mostrando-se sossegada e relaxada, quanto à disciplina; participativa, quanto à socialização; interessada e concentrada, quanto à participação; confusa, mas persistente e cuidadosa com o material, quanto ao método de trabalho; disposta, mas lenta, quanto ao ritmo de trabalho. Na *fase de assistência*, esses mesmos comportamentos foram observados, entretanto, a criança mostrou-se dispersa quanto à participação na tarefa.

Caso E - era do sexo masculino, tinha 8 anos e 6 meses de idade e freqüentava a 3ª série do ensino fundamental em escola pública. O nível de escolaridade do pai e da mãe era 3ª série do ensino médio e 4ª série do ensino fundamental, respectivamente. A ocupação profissional dos pais se enquadrava na classificação Qualificação Inferior.

Apresentou **disparidade de desempenho** durante todo o processo de avaliação cognitiva, já que sua classificação intelectual no Raven foi **definidamente acima da média (percentil 75)** e o perfil de desempenho cognitivo obtido no Jogo de Perguntas de Busca com Figuras Diversas foi **Ganhador mantenedor**, na *avaliação*, e **Ganhador dependente da assistência**, na *reavaliação*.

Na *avaliação*, a criança formulou menos perguntas de busca por arranjo na *fase inicial sem ajuda* (três) do que nas fases de *assistência* e de *manutenção* (cinco). Apesar do número reduzido de perguntas de busca na *fase inicial sem ajuda*, a proporção de perguntas irrelevantes foi maior, com um nível elevado de tentativas de solução incorretas e corretas ao acaso. Com a ajuda da examinadora presente, houve melhora em relação à proporção de perguntas relevantes e acertos na *fase de assistência*, mas o número de tentativas incorretas de solução foi equivalente ao das corretas. Ao trabalhar sozinho novamente na *fase de manutenção*, a criança conseguiu manter alta incidência de perguntas relevantes e apresentou mais tentativas corretas de solução em relação às outras fases. Durante a *fase de assistência*, requisitou bastante ajuda, recebendo da examinadora, por ordem de freqüência, "feedback" informativo, exemplo de pergunta relevante, análise comparativa e retirada dos cartões.

Quanto às *operações cognitivas* utilizadas durante esse momento da avaliação assistida, apenas a conduta reflexiva foi observada na *fase inicial sem ajuda*. Portanto, a criança apresentou percepção confusa e episódica, conduta não comparativa, dificuldade em identificar a relevância dos estímulos, circularidade das questões, ausência de auto-correção e generalização e comunicação imprecisa. Nas outras duas fases (*assistência* e *manutenção*), no entanto, foram apresentadas conduta reflexiva e comparativa, percepção clara e integrativa, identificação de relevância, encadeamento lógico das questões, auto-correção, generalização e comunicação precisa.

Em relação ao *comportamento*, nas fases *inicial sem ajuda*, de *assistência* e de *manutenção*, a criança mostrou-se sossegada e relaxada, quanto à disciplina; participativa, quanto à socialização; interessada e concentrada, quanto à participação; disposta mas lenta, quanto ao ritmo de trabalho, persistente e cuidadosa com o material, quanto ao método de trabalho. Na *fase inicial sem ajuda*, ela demonstrou estar confusa em relação à tarefa, mas por outro lado, mostrou-se orientada nas fases de *assistência* e de *manutenção*.

Na *fase inicial sem ajuda* da *reavaliação*, a criança elaborou três perguntas de busca em média por arranjo, enquanto que nas fases de *assistência* e de *manutenção*, foram formuladas quatro. Nas fases *inicial sem ajuda* e de *assistência*, houve prevalência das perguntas relevantes, com alta incidência de acertos. Entretanto, na *fase de manutenção*, a qualidade do seu desempenho decaiu, uma vez que a proporção de perguntas não relevantes superou à das relevantes, o mesmo acontecendo com as proporções de tentativas incorretas e corretas ao acaso em relação às tentativas corretas. Durante a assistência, foi necessário oferecer à criança principalmente "feedback" informativo e exemplo de pergunta relevante para ajudá-la a concluir os arranjos.

Analisando as *operações cognitivas positivas* utilizadas durante a resolução da tarefa, verifica-se que durante a *fase inicial sem ajuda*, apenas a percepção integrativa e conduta comparativa estiveram presentes. Em contrapartida, a criança apresentou conduta impulsiva, percepção confusa, dificuldade em identificar a relevância dos estímulos, circularidade das questões, ausência de auto-correção e de generalização, além da comunicação imprecisa. Na *fase de assistência*, a criança também apresentou conduta impulsiva, apesar da presença de todas as outras operações cognitivas positivas. Seu padrão cognitivo mudou novamente na *fase de manutenção*, durante a qual foi observada a ausência completa de operações cognitivas positivas.

Em relação ao *comportamento*, embora inquieto, a criança não estava tensa, mostrando-se relaxada, quanto à disciplina; participativa, quanto à socialização; interessada e concentrada, quanto à participação; disposta e rápida, quanto ao ritmo de trabalho, nas três fases (*inicial sem ajuda*, *assistência* e *manutenção*). Quanto ao método de trabalho, mostrou-se persistente e cuidadosa com o material, embora confusa nas fases *inicial sem ajuda* e de *manutenção*.

Caso F - era do sexo feminino, tinha 8 anos e 6 meses de idade e freqüentava a 1ª série do ensino fundamental em escola particular. O pai era analfabeto e a mãe estudou até a 3ª série do ensino fundamental. A ocupação profissional do pai se enquadrava na classificação Qualificação Inferior e a da mãe era Não Qualificada.

Apresentou **disparidade de desempenho** durante todo o processo de avaliação cognitiva, uma vez que sua classificação intelectual no Raven foi **definidamente acima da média (percentil 75)** e seu perfil de desempenho cognitivo no Jogo de Perguntas de Busca com Figuras Diversas foi **Ganhador dependente da assistência**, na *avaliação*, e na *reavaliação*.

Na *fase inicial sem ajuda* da *avaliação*, a criança formulou quatro perguntas em média por arranjo, sendo todas relevantes, mas não obteve êxito nas tentativas de solução. Na *fase de assistência*, o número médio de perguntas permaneceu inalterado e a criança formulou menos perguntas relevantes, mas em contrapartida, cerca de metade das tentativas de solução foram corretas. Durante a *fase de manutenção*, a criança formulou apenas duas perguntas em média por arranjo; no entanto, embora ainda prevalecendo, menos perguntas relevantes foram formuladas e as tentativas incorretas novamente predominaram. Em relação à ajuda requerida durante a *fase de assistência*, a criança conseguiu solucionar um arranjo sozinha, mas precisou do "feedback" informativo, exemplo de pergunta relevante, retirada dos cartões e análise comparativa dos estímulos para concluir a resolução dos outros arranjos.

Não foram observadas *operações cognitivas positivas* durante as fases *inicial sem ajuda* e de *manutenção*, ou seja, a criança apresentou conduta impulsiva e não comparativa, percepção confusa e episódica, dificuldade de identificação de relevância, circularidade das questões, ausência de auto-correção e de generalização, além de comunicação imprecisa. Durante a *fase de assistência*, a conduta foi impulsiva, embora comparativa, houve percepção clara e integrativa, identificação de relevância, encadeamento lógico das questões e comunicação precisa, porém, a criança apresentou ausência de auto-correção e de generalização.

No que diz respeito ao *comportamento*, na *fase inicial sem ajuda* a criança mostrou-se inquieta mas relaxada, quanto à disciplina; participativa, quanto à socialização; interessada e concentrada, quanto à participação; confusa, não persistente e descuidada com o material, quanto ao método de trabalho; disposta e rápida, quanto ao ritmo de trabalho. Durante a *fase de assistência*, apesar do comportamento inquieto, a criança não demonstrou tensão, mantendo-se relaxada quanto à disciplina; participativa, quanto à socialização; interessada e concentrada, quanto à participação; orientada, embora não persistente e descuidada com o material, quanto ao método de trabalho; rápida, apesar de cansada, quanto ao ritmo de trabalho. Na *fase de manutenção*, novamente apresentou-se inquieta apesar de relaxada, quanto à disciplina; participativa, quanto à socialização; desinteressada e dispersa, quanto à participação na tarefa; confusa, não persistente e descuidada com o material, quanto ao método de trabalho; rápida, embora cansada, quanto ao ritmo de trabalho.

Na *reavaliação*, a criança elaborou cinco perguntas de busca em média por arranjo na *fase inicial sem ajuda*, mas todas foram formuladas de maneira incorreta, não havendo, portanto, sucesso na solução de nenhum arranjo. Na *fase de assistência*, ao receber ajuda da examinadora, a criança conseguiu implementar seu desempenho diminuindo para quatro o número médio de perguntas de busca por arranjo, com um aumento significativo na proporção de perguntas relevantes e tentativas corretas de solução.

Entretanto, na *fase de manutenção*, quando a ajuda que recebia da examinadora foi suspensa, a criança retornou ao padrão de desempenho da *fase inicial sem ajuda*, efetuando em média cinco perguntas de busca por arranjo, todas formuladas de maneira incorreta, não obtendo êxito na resolução de nenhum arranjo. Para a execução da tarefa durante a *fase de assistência*, foi preciso que a examinadora oferecesse bastante ajuda à criança, principalmente exemplo de pergunta relevante, seguido por "feedback" informativo, análise comparativa, retirada dos cartões e demonstração de um modelo do uso da estratégia.

Não houve *operações cognitivas positivas* nas fases *inicial sem ajuda* e de *manutenção*, ou seja, a criança apresentou conduta impulsiva e não comparativa, percepções confusa e episódica, dificuldade de identificação de relevância, circularidade das questões, ausência de auto-correção e de generalização, além de comunicação imprecisa. Na *fase de assistência*, apresentou percepção clara e integrativa, conduta impulsiva mas comparativa, identificação de relevância, encadeamento lógico das questões, generalização, comunicação precisa, porém, ausência de auto-correção.

Quanto ao *comportamento* manifestado durante a execução da tarefa, tanto na *fase inicial sem ajuda* quanto de *manutenção*, a criança mostrou-se inquieta mas relaxada, quanto à disciplina; participativa, quanto à socialização; interessada e concentrada, quanto à participação; confusa, persistente mas descuidada com o material, quanto ao método de trabalho; rápida e disposta, quanto ao ritmo de trabalho. Na *fase de assistência*, além dos comportamentos manifestados nas duas outras fases, a criança mostrou-se orientada, quanto ao método de trabalho.

Caso G - era do sexo masculino, com 9 anos e 6 meses de idade e freqüentava a 3ª série do ensino fundamental em escola pública. Seu pai e sua mãe estudaram até a 2ª e 6ª série do ensino fundamental, respectivamente, sendo que a ocupação profissional exercida pelo pai se enquadrava na classificação Qualificação Inferior e a mãe era do lar.

Apresentou **disparidade de desempenho** durante o processo de avaliação cognitiva, pois foi classificado como **definidamente abaixo da média (percentil 25)** no Raven, enquanto que o perfil de desempenho cognitivo obtido no Jogo de Perguntas de Busca com Figuras Diversas foi **Ganhador dependente da assistência**, na *avaliação*, e **Alto-escore**, na *reavaliação*.

Nas fases *inicial sem ajuda*, de *assistência* e de *manutenção* da *avaliação*, a criança formulou quatro perguntas de busca em média por arranjo. Embora a maioria das perguntas fosse relevante, o índice de erros nas tentativas de resolução da tarefa foi alto, tanto na *fase inicial sem ajuda* quanto na *fase de manutenção*, quando a criança trabalhou sozinha. Durante a *fase de assistência*, ela necessitou de bastante ajuda da examinadora para conseguir solucionar os arranjos, requerendo "feedback" informativo, exemplo de pergunta relevante e retirada dos cartões.

Quanto às *operações cognitivas* utilizadas na tarefa, apenas na *fase de assistência*, quando recebeu ajuda da examinadora, a criança pôde apresentar todas as operações cognitivas positivas. Na *fase inicial sem ajuda*, exceto pela conduta reflexiva e comparativa, todas as outras operações apresentadas foram negativas, ou seja, percepção confusa e episódica, dificuldade de identificação de relevância, circularidade das questões, ausência de auto-correção e de generalização, além de comunicação imprecisa. Apenas a conduta reflexiva e comparativa e a percepção clara estiveram presentes na *fase de manutenção*, sendo negativas as demais operações cognitivas utilizadas nesta fase.

Embora tenha apresentado dificuldades em relação às operações cognitivas, a criança manifestou *comportamento* predominantemente positivo nas três fases da *avaliação*. Na *fase inicial sem ajuda*, esteve sossegada e relaxada, quanto à disciplina; participativa, quanto à socialização; interessada e concentrada, quanto à participação; confusa, mas persistente e cuidadosa com o material, quanto ao método de trabalho; disposta, embora lenta, quanto ao ritmo de trabalho. Nas fases de *assistência* e *manutenção*, esses mesmos comportamentos foram expressos, porém a criança mostrou-se orientada quanto ao método de trabalho.

Na *reavaliação*, foram elaboradas quatro perguntas em média por arranjo nas fases *inicial sem ajuda* e de *manutenção*, e três perguntas na *fase de assistência*. As perguntas foram predominantemente relevantes nas três fases, com um alto nível de tentativas corretas de solução da tarefa. Muito embora a criança tenha precisado de ajuda para resolver os oito arranjos que compõem a *fase de assistência*, esta limitou-se ao exemplo de pergunta relevante para um arranjo e "feedback" informativo para a resolução dos demais.

No que diz respeito às *operações cognitivas*, observou-se que na *fase de assistência*, a criança apresentou conduta reflexiva e comparativa, percepção clara e integrativa, identificação de relevância, encadeamento lógico das questões, auto-correção, generalização e comunicação precisa. Essas mesmas operações cognitivas estiveram presentes nas outras duas fases, porém tanto na *fase inicial sem ajuda* quanto na *fase de manutenção*, quando trabalhou sozinha, a criança manifestou dificuldade de identificação de relevância, além de ausência de auto-correção na *fase inicial sem ajuda*.

Quanto ao *comportamento* expresso em relação à tarefa, este manteve-se estável durante toda a *reavaliação*, mostrando-se sossegada e relaxada, quanto à disciplina; participativa, quanto à socialização; orientada, persistente e cuidadosa com o material, quanto ao método de trabalho; interessada e concentrada, quanto à participação; disposta e rápida, quanto ao ritmo de trabalho.

Caso H - era do sexo masculino, com 8 anos e 11 meses de idade e cursava a 3ª série do ensino fundamental em escola pública. Seus pais estudaram até a 3ª série do ensino fundamental, sendo que o nível de ocupação do pai se enquadrava na classificação Qualificação Inferior e a mãe era do lar.

Apresentou **disparidade de desempenho** durante o processo de avaliação cognitiva, uma vez que sua classificação intelectual no Raven foi **definidamente abaixo da média (percentil 25)** e o perfil de desempenho cognitivo atingido no Jogo de Perguntas de Busca com Figuras Diversas foi **Ganhador dependente da assistência**, na *avaliação*, e **Alto-escore**, na *reavaliação*.

Na *avaliação*, foram formuladas quatro perguntas de busca em média por arranjo, nas três fases (*inicial sem ajuda, assistência* e *manutenção*). Na *fase inicial sem ajuda*, metade das perguntas elaboradas foram incorretas e as tentativas de solução dividiram-se entre incorretas e corretas ao acaso. Houve um aumento considerável das perguntas relevantes na *fase de assistência*, acompanhadas por um sucesso absoluto nas tentativas de solução. No entanto, durante a *fase de manutenção*, quando a criança voltou a trabalhar sozinha, a proporção de perguntas relevantes diminuiu, embora tenha permanecido em nível superior à da *fase inicial sem ajuda*, representando exatamente a metade das perguntas formuladas. Os acertos também diminuíram sensivelmente nesta fase, prevalecendo as tentativas incorretas de solução. Quanto à mediação, a criança precisou de assistência para resolver os oito arranjos, embora esta tenha se restringido aos dois níveis iniciais de ajuda: em seis arranjos foi oferecida a análise comparativa, e nos dois restantes, o "feedback" informativo foi suficiente para a conclusão do trabalho.

Durante a realização da tarefa, nas fases *inicial sem ajuda* e de *manutenção*, a criança apresentou as seguintes *operações cognitivas*: conduta impulsiva, percepção confusa e ausência de auto-correção, mas por outro lado, utilizou percepção integrativa, conduta comparativa, identificação de relevância, encadeamento lógico das questões, generalização e comunicação precisa. Apenas na *fase de manutenção* não foi utilizado o encadeamento lógico das questões. Todas as operações cognitivas positivas, no entanto, estiveram presentes na *fase de assistência*, ou seja, conduta reflexiva e comparativa, percepção clara e integrativa, identificação de relevância, encadeamento lógico das questões, auto-correção, generalização e comunicação precisa.

Nas três fases da *avaliação*, a criança manteve o padrão positivo de *comportamento*, mostrando-se sossegada e relaxada, quanto à disciplina; participativa, quanto à socialização; interessada e concentrada, quanto à participação; orientada, persistente e cuidadosa com o material, quanto ao método de trabalho; disposta e rápida, quanto ao ritmo de trabalho.

No momento da *reavaliação*, após intervenção psicopedagógica de curta duração, foram formuladas em média quatro perguntas de busca de solução nas fases *inicial sem ajuda* e de *assistência* e três perguntas na *fase de manutenção*. Essas perguntas foram predominantemente relevantes, acompanhadas por um alto nível de acertos nas fases *inicial sem ajuda*, de *assistência* e de *manutenção*, respectivamente. Apesar do bom desempenho ter sido mantido na *fase de manutenção*, a criança apresentou uma proporção um pouco maior de perguntas não relevantes e de tentativas corretas ao acaso quando comparadas às fases *inicial sem ajuda* e de *assistência*. Nos oito arranjos que compõem a *fase de assistência*, foi necessário apenas o "feedback" informativo para a resolução da tarefa, que consiste em um tipo de ajuda mais generalizada, especificamente relacionada ao seguimento da instrução inicial.

Durante todo o procedimento da *reavaliação*, a criança utilizou *operações cognitivas positivas* do tipo: conduta reflexiva e comparativa, percepção clara e integrativa, identificação de relevância, encadeamento lógico das questões, auto-correção, generalização e comunicação precisa.

Em relação ao *comportamento* apresentado nesse momento da avaliação, a criança mostrou-se sossegada e relaxada, quanto à disciplina; interessada e concentrada, quanto à participação; participativa, quanto à socialização; orientada, persistente e cuidadosa com o material, quanto ao método de trabalho e disposta e rápida, quanto ao ritmo de trabalho.

Serão apresentados a seguir quatro casos individuais, ilustrativos respectivamente de cada um dos perfis de desempenho cognitivo analisados nas tarefas CATM e PBFG.

Foram selecionados quatro sujeitos: o *Caso J*, com perfil de *não-ganhador* nas duas tarefas; o *Caso @* com perfil de *ganhador* no CATM e de *ganhador-dependente da assistência,* no PBFG; o *Caso O*, com perfil de *ganhador* no CATM e de *ganhador-mantenedor,* no PBFG e o *Caso Z*, com perfil de *alto-escore* nas duas tarefas.

O *Caso J* (QI = 62, masculino), no Teste de Modificabilidade do Raciocínio Analógico para Crianças apresentou 0,33 de "créditos totais" nas fases *inicial sem ajuda* e *de manutenção* e 0,30 na *fase de transferência*, portanto, apresentou mais acertos parciais do que totais das dimensões dos estímulos. Na *fase de assistência* ele chegou à resolução correta de oito cartões na segunda ou terceira tentativa, em apenas um cartão obteve sucesso logo na primeira tentativa e em um cartão necessitou de quatro a cinco tentativas para solucioná-lo. Necessitou de ajuda na maioria dos cartões, sendo que em sete cartões foi oferecido o nível 2 de ajuda, instrução e "feedback" analítico, e em dois cartões necessitou até do nível 3 de ajuda, regra e "feedback" de transformação, e em apenas um cartão não foi necessária nenhuma ajuda.

Foram observadas apenas duas operações cognitivas positivas na *fase de assistência* e duas na *fase de manutenção* do CATM, percepção clara e conduta comparativa e conduta reflexiva e percepção clara, respectivamente. Houve portanto um predomínio de operações cognitivas negativas do tipo: conduta impulsiva, percepção episódica, conduta não-comparativa, dificuldade de identificação de relevância e ausência de autocorreção.

Foram observados apenas três comportamentos positivos durante as duas sessões de aplicação do CATM: rápido, orientado e cuidadoso com o material. Predominaram comportamentos negativos do tipo: inquieto, tenso, desinteressado, retraído, não-persistente, cansado e disperso.

No Jogo das Perguntas de Busca com Figuras Geométricas o sujeito apresentou quanto ao número médio de perguntas de busca, doze perguntas por cartão na *fase inicial sem ajuda*, sendo que a maioria (0,90) foram perguntas não relevantes, predominantemente do tipo repetida (0,85). Não obteve sucesso na solução de nenhum dos cartões. Na *fase de assistência* o número de perguntas por cartão diminuiu para cinco, houve um aumento na proporção de perguntas relevantes (0,57), diminuindo conseqüentemente as perguntas irrelevantes, e passando a realizar todas as tentativas corretas. Contudo, na *fase de manutenção* o sujeito voltou a apresentar o mesmo padrão da *fase inicial sem ajuda*, com doze perguntas de busca por cartão e com a predominância das perguntas repetidas (0,85). Na *fase de transferência,* tanto na forma simples quanto na forma complexa, apresentou em média por cartão três perguntas de busca, com aumento significativo de perguntas relevantes, 0,69 e 0,86, respectivamente para as duas formas, porém realizando apenas uma tentativa correta em cada forma.

Cabe ressaltar que a criança não realizou todos os cartões da *fase de assistência* (doze cartões) devido ao cansaço apresentado. Desta maneira, a aplicação foi interrompida sendo aplicados apenas quatro cartões nesta fase e os cálculos foram relativizados, considerando-se o número de quatro cartões e não de doze como nos demais sujeitos.

A criança necessitou da ajuda concreta nos quatro cartões aplicados na *fase de assistência*, utilizando cartões brancos para auxiliar no raciocínio de exclusão das alternativas. Deste modo, não foi suficiente apenas a ajuda verbal da examinadora sendo necessária a utilização de apoio de material concreto para solução da tarefa.

Nesta tarefa a criança não apresentou operações cognitivas positivas nas fases *inicial sem ajuda, assistência* e *manutenção* e na *fase de transferência* apresentou somente encadeamento lógico das questões nas formas simples e complexa. Portanto, a criança apresentou conduta impulsiva, percepção confusa, percepção episódica, conduta não-comparativa, dificuldade em identificar a relevância dos estímulos, circularidade de questões (com exceção na transferência) e ausência de auto-correção.

Quanto ao comportamento, mostrou-se inquieto, tenso, lento, desinteressado, retraído, confuso, não-persistente, cansado e disperso nas duas sessões de aplicação desta tarefa.

No Teste de Desempenho Escolar obteve classificação inferior nas três áreas avaliadas (escrita, aritmética e leitura) ao considerar-se o escore bruto com relação à série freqüentada e apresentou escores bem abaixo do esperado ao considerar-se os escores obtidos e sua idade. Ele não está alfabetizado, não consegue escrever seu primeiro nome e não reconhece as vogais. Durante a aplicação do TDE mostrou-se muito perfeccionista em relação à sua letra e apresentou os seguintes comportamentos: por um lado, inquieto, tenso, lento, desinteressado, retraído, cansado e disperso e de outro lado, orientado, persistente e cuidadoso com o material.

Essa criança apresenta certa dificuldade que, como pode-se observar, melhora quando a ajuda da examinadora está presente, mas não mantém de forma satisfatória esse padrão de desempenho após a suspensão da assistência, apresentando um perfil de *não-ganhador* nas duas tarefas, associado a um predomínio de operações cognitivas e comportamentos negativos durante a realização das mesmas.

O *Caso @* (QI = 56, masculino), no Teste de Modificabilidade do Raciocínio Analógico para Crianças, na *fase inicial sem ajuda* não apresentou "créditos totais", somente acertos parciais dos atributos envolvidos na tarefa. Na *fase de manutenção*, após a suspensão da assistência, apresentou melhora, alcançando um nível de 0,67 acertos. No entanto, não manteve esse desempenho na *fase de transferência* (0,35). Na *fase de assistência* resolveu apenas um cartão na primeira tentativa, resolveu oito cartões na segunda e terceira tentativas e um cartão na quarta e quinta tentativas. Com relação à mediação verifica-se que resolveu um cartão sem nenhuma ajuda e para resolução da maioria dos cartões foi oferecido o nível 2 de ajuda, instrução e "feedback" analítico.

Quanto às operações cognitivas observou-se que a criança apresentou conduta impulsiva, percepção confusa, percepção episódica, conduta não comparativa, dificuldade em identificar relevância dos estímulos e ausência de auto-correção em todas as fases, com exceção da *fase de manutenção*. Observou-se que após a assistência, na *manutenção*, a criança apresentou conduta reflexiva, percepção clara, percepção integrativa, conduta comparativa e identificação de relevância dos estímulos.

Seu comportamento foi positivo em relação à tarefa CATM, na primeira sessão, apresentando-se orientado, persistente e cuidadoso com o material e na segunda sessão, apresentando-se rápido e persistente.

No CATM a criança teve muita dificuldade na *fase inicial sem ajuda* e na *fase de transferência*. Na *fase de assistência* necessitou de ajuda em nove dos dez cartões apresentados e resolveu apenas um cartão sem nenhuma ajuda, mas melhorou seu desempenho na *fase de manutenção* após a suspensão da ajuda.

Na tarefa PBFG, ele apresentou uma média de doze perguntas de busca por cartão na *fase inicial sem ajuda*, sendo a maioria perguntas repetidas e não realizou nenhuma tentativa de resposta. Na *fase de assistência* houve uma redução do número de perguntas e estas passaram a ser relevantes em sua maioria, porém na *fase de manutenção* o número de perguntas aumentou um pouco mas permaneceu menor do que na *fase inicial*, havendo também um aumento no número de perguntas repetidas, irrelevantes e incorretas diminuindo, assim, as relevantes. Quanto às tentativas de resposta o sujeito realizou todas corretamente nas fases de *assistência* e *manutenção*. Na *fase de transferência* ele formulou poucas perguntas, relevantes em sua maioria, nas duas formas da transferência (simples e complexa). Realizou apenas uma tentativa correta e quatro incorretas na forma simples, e na forma complexa não realizou nenhuma tentativa. Quanto à mediação foram oferecidos os três níveis da ajuda verbal em quatro cartões e em oito necessitou da ajuda concreta com cartões em branco para implementar o raciocínio de exclusão de alternativas.

De modo geral, a criança apresentou predominantemente operações cognitivas negativas. Porém, na *fase de assistência*, *manutenção* e *transferência* mostrou conduta reflexiva, conduta comparativa e percepção integrativa, sendo que esta última não apareceu na manutenção. Na *fase de assistência* apresentou ainda, percepção clara.

Quanto ao comportamento apresentado em relação à tarefa, verifica-se que na primeira sessão foram mais negativos, do tipo: inquieto, tenso, lento, desinteressado, retraído, confuso, cansado e disperso. Contudo, na segunda sessão ocorreram algumas mudanças e a criança esteve sossegada, relaxada, rápida, interessada, participativa, orientada, persistente e disposta.

No Teste de Desempenho Escolar esteve muito tranqüila e apresentou todos os comportamentos positivos. Obteve classificação superior em leitura e escrita e médio inferior em aritmética, considerando-se a série freqüentada. Ao verificar a previsão do escore bruto a partir da idade observa-se que apenas em aritmética ele ficou abaixo do esperado.

A criança apresentou dificuldade nas duas tarefas, contudo, no CATM melhorou seu desempenho após a assistência, mas não conseguiu a generalização da aprendizagem.

No PBFG seu desempenho foi bom somente com a assistência presente, pois não conseguiu manter e generalizar a aprendizagem. Na *fase de transferência*, apesar de apresentar boa proporção de perguntas relevantes, estas não o conduziram a tentativas corretas. Apresenta um perfil *ganhador* no CATM e *ganhador-dependente da assistência* no PBFG.

O *Caso O* (QI = 58, masculino), no Teste de Modificabilidade do Raciocínio Analógico para Crianças não apresentou "créditos totais" na *fase inicial sem ajuda*, no entanto apresentou "créditos totais" em todos os cartões da *fase de manutenção* e na *fase de transferência* em uma proporção de 1,00 e 0,80, respectivamente. Na *fase de assistência*, chegou à resposta correta com apenas uma tentativa na maior parte dos cartões. Quanto à mediação verificou-se que não houve necessidade de ajuda na solução de seis cartões e nos outros quatro cartões foi oferecido apenas o nível 2 de ajuda, instrução e "feedback" analítico.

Considerando as operações cognitivas positivas, verificou-se que na *fase inicial sem ajuda* ele apresentou apenas duas, conduta reflexiva e auto-correção. Nas fases de *assistência*, *manutenção* e *transferência* passou a apresentar somente operações positivas, a saber: conduta reflexiva, percepção clara, percepção integrativa, conduta comparativa, identificação de relevância dos estímulos e auto-correção. Vale ressaltar que esta criança foi um dos poucos que realizou auto-correção[11].

Quanto ao comportamento, ele apresentou-se sossegado, relaxado, rápido, interessado, participativo, orientado, persistente, cuidadoso com o material e concentrado nas duas sessões de aplicação do CATM. Somente demonstrou cansaço na segunda sessão, correspondendo à *fase de transferência*.

No Jogo das Perguntas de Busca com Figuras Geométricas o sujeito iniciou com poucas perguntas de busca na *fase inicial sem ajuda* e diminuiu um pouco mais na *fase de assistência* e manteve esse número reduzido na *manutenção*. Essas perguntas foram em sua maioria relevantes nas três fases iniciais, variando de 0,74 a 0,94 e as tentativas foram totalmente corretas nas *fases de assistência* e *manutenção*, sendo que na *fase inicial sem ajuda* estas ocorreram em um nível de 0,60 tentativas corretas. Na *fase de transferência*, a criança manteve seu bom desempenho, realizando poucas perguntas de busca, relevantes em sua maioria, tanto na transferência simples quanto na complexa.

Quanto às tentativas essas foram na forma simples totalmente corretas e na forma complexa em sua maioria, corretas porém com pequena proporção de corretas ao acaso.

---

[11] Após a avaliação assistida, sua mãe comentou que ele passou a identificar seus erros na lição de casa.